SORGENBOY

REFRAMING für
Anfänger*innen

# SO
# GESEHEN

## 66 einhalb ABERWITZIGE THESEN
### FÜR EINE BESSERE|SCHLECHTERE WELT

Mit Illustrationen von
META BENE

**LAPPAN**

FÜR DEN GRAUBEREICH

# INHALT

# DIESES BUCH IST RICHTIG SCHLECHT.

BESONDERS LUSTIG IST dieses Buch vermutlich nicht. Viel zu lachen gibt es vermutlich auch nicht, obwohl ein paar ganz witzige Formulierungen und Metaphern drin sind. Es geht in diesem Buch um Polaritäten und um das anstrengende Thema „Schwarz-Weiß-Denken".

Och nee.

Ach doch.

Geschrieben habe ich es, weil die eigenen Meinungen und Vorurteile manchmal so festgefahren sind – sie stecken in einer sehr engen Parklücke, aus der man nicht mehr herauskommt. Man verbeißt sich manchmal regelrecht in Sichtweisen wie so ein Terrier, der eine Wade nicht mehr loslassen kann.

Es ist kein Buch, das man mal eben so wegliest, obwohl der Sprachstil tatsächlich nicht besonders anspruchsvoll ist. (Sorry, ich wäre echt gern talentierter.)

Dieses kleine Buch ist auch ganz bestimmt kein wissenschaftlicher Beitrag zur Debattenkultur, holt einen aber trotzdem aus der Komfortzone. Uff, ja, ätzend. Das ist zuweilen ganz schön anstrengend! Kann sogar sein, dass dieses Buch Nackenschmerzen verursacht – vom Kopfschütteln.

Ich habe es geschrieben, um den Raum zwischen Schwarz und Weiß ein bisschen durchlässiger zu machen, um das eigene Denken ein bisschen pendeln zu lassen und mal zu gucken, was für Sichtweisen es neben der eigenen eben noch so gibt.

Der Graubereich ist aber nicht immer lustig.

Es ist wie Sport für die eigenen Vorurteile – inklusive Muskelkater in der Hirnrinde.

**OB ES FUNKTIONIERT? KEINE AHNUNG.**

# **DIESES BUCH** IST RICHTIG GUT.

**DIESES BUCH MACHT** sehr viel Spaß, wenn du Lust hast, Dinge mal ein kleines bisschen anders zu sehen. Eventuell verkrustete Denkweisen und Vorurteile werden mit extra ausgedachten oder fein beobachteten Beispielen aufgesprengt. Wenn die Synapsen sich bewegen, ist das richtiger Hirnrindensport. Das Beste an dieser mentalen Sportart: Man kann sie auf dem Sofa liegend ausüben. Oder im Bett. Ja sogar auf dem Klo.

Dieses Buch ist alles andere als ein Ratgeber, ermöglicht aber unter Umständen eine langfristige Lebensveränderung und das vielleicht sogar mit einem Schmunzeln.

Ich habe ein paar kurze Texte geschrieben, über die man teilweise ganz schön lange nachdenken kann. (Deshalb ist es auch sinnvoll, nicht das ganze Buch auf einmal zu konsumieren, sondern immer nur ein bis zwei Seiten zu lesen und es dann wieder wegzulegen.)

Es ist Ernst mit Spaß. Und Spaß mit Ernst. Und alles dazwischen. Reframing als Gute-Laune-Graubereich. Perspektivwechsel leicht gemacht.

Eigentlich sind es sogar zwei Bücher und das für den Preis von einem.

Auch nicht schlecht.

Eine sehr tolle Sache: Der wundervolle, kluge und lustige meta bene hat nicht nur sehr wertvolle Gedanken, sondern auch ein paar Cartoons ins Buch illustriert. Natürlich in Schwarz-Weiß. Die sind fantastisch!

**DANKE DAFÜR, LIEBER META BENE.**

# LIEGERADFAHRER SIND DIE PEINLICHSTEN TYPEN DER WELT!

KARIERTES KURZARMHEMD VON Jack Wolfskin, Dreiviertelhose, Zehenschuhe. Dazu ein blinkender Helm und immer ein physikalisches Gesetz auf den Lippen. Sie sehen aus, als würden sie sich ihre Haare selbst schneiden und wirken auf ihre Umwelt wie emotionale Schottergärten.

Sie liegen in ihren hässlichen, das Straßenbild verschandelnden Liegerädern, über ihnen wimpelt ein neonfarbenes Dreieck und sie ziehen die Blicke auf sich.

Am schlimmsten sind die Typen – sie heißen Michael, Georg („Kannst Schorschi sagen!") oder Lutz, die mit Eigenbau-Liegerädern rumfahren. Solche Leute mit Rückspiegel am Helm.

Man kann sich mit ihnen über Formeln unterhalten, über CW-Werte, Reflektoren und Spaltmaße. Es sind unangepasste Fahrzeug-Nerds, die Quittungen sammeln, in ihrer Freizeit Radiowecker auseinanderbauen und beim Sex auf die Smartwatch gucken, um die Effektivität zu messen. Also, falls Liegeradfahrer ein Sexleben haben.

Diese Sitzschalengurus gucken im Fernsehen Modellbausendungen und schmieren sich Asche unter die Achseln, weil Deo in ihren Augen nicht effizient genug ist. Verehrt oder geliebt werden sie von niemandem. Gehasst und verachtet dafür von fast allen. Autofahrer hassen Liegeradfahrer. LKW-Fahrer, Busfahrer, Rennradfahrer, Fußgänger, alle finden sie schlimm. Selbst Tauben würden lieber zerfetzt in einem BMW-Kühlergrill verenden, als sich von einem Liegerad überfahren zu lassen. Sie würden sich sogar lieber von Rentner mit Brotkrümeln totwerfen lassen.

Liegeradfahrer sind wirklich die Schlimmsten.

**VERACHTENSWERT!**

WAERE ICH AUFRICHTIG, BLIEBE ICH LIEGEN.

# LIEGERADFAHRER SIND DIE GROSSARTIGSTEN TYPEN DER WELT!

WIE GROSSARTIG MUSS es sein, wenn einem komplett egal ist, was andere über einen denken. Liegeradfahrer haben diesen Zen-Modus auf Dauerfeuer. Ihnen geht vollkommen am wippenden Wimpel und selbstverständlich auch am Zehenschuh vorbei, was andere von ihnen halten.

Effizienz und Effektivität sind ihnen wichtig. Ihr Lebensmotto: „Function before Fashion", sie haben funktionales Denken schon aufgenommen, als sie mit Milchpulver gefüttert wurden.

Sie haben ihr Glück gefunden, müssen nichts und niemanden darstellen. Sie erledigen ihre Fortbewegung im Liegen. Wie gut, elegant und smart ist das denn!?

Vor allen Dingen, wenn man überlegt, was man sonst noch so im Liegen macht. Schlafen, Lesen, Serien gucken, zum Mittagsschlaf einnicken, Sex.

Liegen ist das Allerbeste – wenn man sich dann auch noch in dieser großartigen Position fortbewegt, hat man es ganz einfach geschafft. Muss man sich mal vorstellen, wie das sein muss, wenn man denken darf: „Kurz aufstehen, frühstücken, Zähne putzen, waschen, Kaffee trinken und dann leg ich mich wieder hin und fahre zur Arbeit."

Wenn man liegend im Verkehr mitschwimmt und dabei mit sehr wenig Windwiderstand nach vorne kommt, hat man einen Zustand erreicht, auf den Buddha neidisch sein müsste. Den kennt man schließlich nur sitzend.

Von all diesen Punkten mal abgesehen sind Liegeräder auch für Menschen mit körperlichen Einschränkungen geeignet. Sie sind also auch noch maximal inklusiv. Und umweltfreundlich sind sie auch!

Liegeradfahrer leisten wertvolle Pionierarbeit für die Gesellschaft!

**BEWUNDERNSWERT.**

# TÜR AUFHALTEN:
## UNNÖTIGE DRUCKSITUATION!

VIELLEICHT SCHLENDERT MAN gerade verträumt durch die Gegend, die Bilder schwimmen an einem vorbei, die vielen überflüssigen Informationen streifen das Gehirn nur leicht. Man ist in Gedanken versunken, träumt von Birne-Gorgonzola-Salat oder fummelt in der Fantasie irgendwelche Kabel durch einen kleinen Schacht.

Schemenhaft sieht man eine Tür vor sich und in der Sekunde sieht man auch, dass ein vollkommen ambitionierter Mensch einem diese aufhält. Lächelnd, wartend, die Restgeduld aufbrauchend.

Man muss jetzt den eigenen Schlender-Rhythmus verlassen, muss schneller werden, um den Menschen, der freundlicherweise diese blöde Tür aufhält, nicht zu enttäuschen und unnötig warten zu lassen. Also Vollgas.

Plötzlich ist da eine Beschleunigung, die den ganzen Tagesrhythmus zerstört. Die Schrittfolge passt nicht mehr in die Zeit, alles wackelt und ist schief. In solchen Situationen kann gern auch mal gestolpert werden. Aufgeschlagene Knie, verstauchte Knöchel oder eine Spontanwut können die Folge sein.

Diese kleine Situation kann für alle Beteiligten den Tag negativ beeinflussen. Die Gefühle kippen. „Maaaaaaaaaaaan, ey! Jetzt beeil dich doch mal, ich habe nicht den ganzen Tag Zeit, hier irgendwelche Türen aufzuhalten!" kollidiert mit „Uff! Was? Jetzt muss ich plötzlich schnell sein? Das wollte ich doch gar nicht!".

Das perfekte Zeitfenster beim Türenaufhalten ist winzig klein, es schrumpft blitzartig und wird sehr schnell zu einem Wutloch, in das man reinstolpert.

**TÜREN AUFGEHALTEN BEKOMMEN IST EIN ECHTER TAGESVERKACKER.**

# TÜR AUFHALTEN:
## NETT UND FREUNDLICH.

IN DER SCHWEIZ wurde im Jahre 2010 eine ca. 5.000 Jahre alte Holztür ausgegraben. Irgendein*e Schweizer*in hat also vor vielen Tausend Jahren gedacht: „Eine Tür ist eine bessere Wand! Man kann hindurchgehen."

Kurz nachdem die Tür erfunden wurde, müssen die guten Manieren erfunden worden sein. Wer eine gute Erziehung genossen hat, hat gelernt, dass man sich umsieht, wenn man eine Tür öffnet, um hindurchzuschreiten – damit man eventuell Hinterherkommenden die Tür aufhalten kann.

Es können ein paar lebensverändernde Sekunden sein, eine Tür, die aus Gasdruckfedergründen zuknallen will, für jemanden aufzuhalten. Aus solchen kurzen Momenten müssen schon lange Beziehungen entstanden sein. Ein Warten, ein schüchternes Lächeln, ein nettes Wort und einige Zeit später eine Hochzeit und Kinder. Oder lebenslange Freundschaften.

Das Türenaufhalten ist genau so freundlich wie „Danke", „Bitte" und „Guten Tag" zu sagen. Es gehört zur Freundlichkeits-Grundausstattung dazu. Wenn es alle machen würden, wäre die Welt ein viel netterer und angenehmerer Ort.

Hält man jemandem die Tür auf, wird in der Regel gelächelt, man hat eine kleine gute Tat vollbracht. Selbst wenn der Tag sonst für die Tonne gewesen ist, weil das Auto verreckt ist, man den Job verloren hat, der Kühlschrank kaputtgegangen ist und der Wellensittich einem nie wieder auf den Finger kackt, kann man gut einschlafen, weil man denken kann: „Ach, na ja, immerhin habe ich heute jemandem die Tür aufgehalten." Ja, es ist ein eher kleiner Trost, aber immerhin.

Es ist gut für einen selbst, es ist gut für andere. Eine Tür ist nicht nur die bessere Wand, sondern eine Möglichkeit für ein bisschen Freundlichkeit und Menschlichkeit.

**EINE TÜR IST EIN GUTER ANFANG.**

# ES IST BEKNACKT, SICH ÜBER
# **KLEINIGKEITEN** ZU ÄRGERN.

EIN SEHR GUTER Kumpel von mir kann es nicht ertragen, wenn er einen Island-Krimi guckt und der Kommissar seine Jacke nicht zumacht. „Mann! Total unrealistisch! Es ist kalt und er hat seine Jacke offen – würde ein echter Kommissar in Island niemals machen!" Er kann den Film dann nicht weitergucken.

Ich selbst kann mich auch gut über Kleinigkeiten aufregen. Auf der Elbe in Hamburg fahren ein paar Mississippi-Raddampfer, deren Heckrad sich nur zu Zierde dreht. Hier wird der Lifestyle aus Plastik besonders deutlich. Mit Furnierholz getäfelte Gefühle. Grauenhaft! Warum Mississippi? Weil Huckleberry Finn und Tom Sawyer aus Hamburg kommen? Ich werde schon beim Schreiben sauer.

Es gibt noch so viele Kleinigkeiten mehr, über die man sich aufregen kann. Das Salz klumpt. Die Türklinke hängt, das Fenster klemmt. Zahnputzbecher steht schief. Der Kühlschrank macht ab und zu Geräusche, die eigentlich zu leise sind, als dass man sich über sie ärgern müsste. Der Henkel der Hummeltasse hat so einen minikleinen Lackpickel an einer Stelle, die man allerdings nie berührt. Diese kleine Perfektionsunterbrechung stört nur durch pure Anwesenheit, er macht ja nicht mal was. Eine Art Phantomstören, das nur im Kopf stattfindet. Am Herdknopf ist der 200-Grad-Punkt ein bisschen abgeschubbert. Mein Briefkasten ist zu klein. Da ist ein kleiner, unauffälliger Fleck an der Wand. Hinter dem Schrank, aber egal. Ärgert mich trotzdem.

Solche Kleinigkeiten können einem echt gute Momente vermiesen.

Als ich mit meinem Island-Jacken-Kumpel diesen blöden Mississippi-Dampfer sah und meinem Ärger darüber freien Lauf gelassen habe, hat er mich angesehen und meinte: „Echt jetzt? Das regt dich auf? Ist doch vollkommen egal."

Stimmt. Vollkommen egal. Also habe ich mich gleich noch schlechter gefühlt, weil ich mich da so lange so sehr reingesteigert habe.

# ES IST GESUND, SICH ÜBER **KLEINIGKEITEN** ZU ÄRGERN.

ICH GLAUBE JA, dass selbst die ausgeglichensten Menschen irgendwann mal ein Ventil brauchen. Hinter dem Lächeln, dem Schulterzucken und dem gehauchten: „Na ja, kann man nichts machen" lauert doch bestimmt irgendwo eine gigantische Blase voller emotionalem Gerümpel, die man nicht mehr so gut wegatmen kann, die einfach irgendwann platzt und das ganze eigene Leben mit giftigem Schmodder beschmiert.

Sich über Kleinigkeiten aufzuregen ist die günstigste Art der Spontantherapie. Es tut gut, mal ein bisschen zu meckern, man sollte nur gucken, dass es nicht dauernd passiert, sonst schmeckt das ganze Leben nach Galle.

Aber mal kurz den Rasenmähroboter anschnauzen ist eine sehr gute Sache. Das zu leise Surren des Kühlschrankes oder den nicht ganz schließenden Tankdeckel zu verfluchen, erspart einem eine lange Sitzung beim Therapeuten.

„ARGH!", „Menno!" und Comicgeschimpfe gehören ins Druckausgleich-Leben.

Man muss das machen.

Sonst platzt man. Und das wäre dann ein ziemlich großes Ärgernis – vor allem für andere, die den Kadavermatsch wegräumen müssen. Worüber sie sich bestimmt ärgern würden.

## QUALFÄCHER BRAUCHT MAN NIE WIEDER IM LEBEN!

FÜR EINIGE IST es Geografie, für andere Geschichte. Na ja, eigentlich kann jedes Schulfach ein Qualfach sein. Sogar die Schule selbst, das ganze Schulsystem kann ein furchtbares Qualfach sein. Will man nicht. Muss man.

Bei mir war es (neben der Schule) Mathe. Schon in der Grundschule wurde ich vom Unterricht ausgeschlossen, ich musste hinten im verglasten Gerümpelraum sitzen und den anderen dabei zusehen, wie ihnen die ersten Grundlagen beigebracht wurden. Meine Lehrerin, Frau Feddersen-Pfundhardt, war für mich stunmmgeschaltet, im Lippenlesen war ich nicht gut – konnte ja noch nicht mal Buchstaben lesen.

Verstanden habe ich nicht nur nichts, weil die Tür geschlossen war – verstanden habe ich auch nichts, weil meine Hirnkapazität nicht für rationales Denken ausgelegt war und ist. Logik? Haha. Nein. Mathe hat mich fertiggemacht, noch heute habe ich schlimme wiederkehrende Albträume davon, wie ich an die Tafel muss, um irgendwas mit Vektoren zu erklären. Vollkommen unmöglich, nicht schaffbar.

Den ganzen Kram habe ich selbstverständlich nie wieder gebraucht.

Ich behaupte mal, dass es fast jedem Menschen so geht. Egal, ob mit der Französischen Revolution, unregelmäßigen Verben, Brom oder dem Zusammenhang von Klima und Politik in Uganda.

In-ter-res-iert mich nicht! Brauche ich nicht. Wozu? Ist doch totaler Scheiß. Ich will wissen, wie ich den perfekten Kuchen backen kann, welche Weste für die nächste Kajaktour perfekt ist oder wie der Platzwart vom FC Wolverhampton heißt. Das interessiert mich sehr, für so was habe ich in meinem Kopf unheimlich viel Platz, den ich sehr, sehr gern nutze.

## QUALFÄCHER SIND TOTAL SINNVOLL UND NÜTZLICH.

DIESER QUALKRAM BEREITET einen darauf vor, dass es im Leben immer wieder Sachen gibt, die einem nicht gefallen werden. Dinge, die man unnötig findet, mit denen man sich irgendwie arrangieren muss und es natürlich auch macht, weil man im Innern flexibel und anpassungsfähig ist.

Steuererklärungen. Laub harken. Elternabende. Romantische Komödien im Kino. Zahnarztbesuche. Einkaufen. Leute nach dem Weg fragen. Besteckschubladen sortieren. Irgendwas mit Menschen. Fernsehprogramme neu anordnen. Sekt mit den Kolleg*innen. Biometrische Passbilder machen lassen. Weihnachten.

Für mich persönlich allerdings das Beste: Wenn ich Mathe nicht gehabt hätte, wäre Deutsch wohl niemals mein Lieblingsfach geworden.

DA WAREN SIE WIEDER MEINE DREI PROBLEME:

SELBSTZWEIFEL UND MATHE.

# BITTE AUF KEINEN FALL
# ANSPRECHEN!

BUMMELN GEHEN, VIELE Menschen lieben das sehr, für mich ist das auf meiner Liste der beliebten Dinge sehr weit unten. Fußgängerzonen und Supermärkte sind nicht so meins. Muss ich aber manchmal durch. Es ist immer dann besonders schlimm, wenn mir ein Aktivist*innen-Team etwas andrehen will.

Ich meine nicht: „Wollen Sie unsere Hirschfleisch-Salami-Käsekugeln probieren?", oder „Gucken Sie mal, der Bananenschneider schneidet Bananen portionsgerecht. Möchten Sie mal probieren?"

Ich meine: „Wir sammeln für die Wildvogelhilfe. Sie können uns helfen, verletzte Tiere zu retten."

Es ist schwer zu ertragen, wenn ich von Amnesty International, Unicef, BUND oder vom NABU angesprochen werde. Diese Zerrissenheit, wenn sich die auffordernden Blicke der motivierten Aktivist*innen mit meinem „Bitte sprich mich nicht an"-Blick treffen.

Natürlich will ich Falken, Eulen, Unken, aber auch Füchse, das Klima, Kinder und überhaupt: die ganze Welt retten. Aber nicht gerade jetzt. Jetzt muss doch ich erst mal Joghurt kaufen.

Unangenehm auch, wenn es zu Hause klingelt. „Guten Tag. Ich habe hier zehn mundgemalte Postkarten von Menschen mit Behinderung. Wenn Sie die kaufen, unterstützen Sie diese wunderbaren Menschen mit Farbe und Pinseln."

OH MANN.

# BITTE UNBEDINGT
# ANSPRECHEN!

LIEBE AKTIVIST*INNEN, im Winter steht ihr in klirrender Kälte in der Fußgängerzone, im Sommer lasst ihr euch von der Sonne backen. Da sprecht ihr mies gelaunte Menschen an. Immer und immer wieder. Ihr macht es für die gute Sache und das ist wirklich bewundernswert. Mal setzt ihr euch für Kraniche, mal für hungernde Menschen, mal für die Seenotrettung ein. Ihr seid Held*innen. Echt. Weil ihr aktiv seid.

Danke, dass ihr immer genau den Moment trefft, den Menschen in die Augen zu gucken. Danke, dass ihr immer weitermacht. Egal, wie die Leute drauf sind.

„ICH ESSE GERN Chips, aber wirklich nur eine kleine Handvoll. Am besten abgewogen. 25 Gramm. Danach ist Schluss. Disziplin ist ja so wichtig!"

Nee, Leute!

Menschen, die nach 25 Gramm Chips aufhören, gucken Filme auch immer nur vier oder fünf Minuten oder gehen beim Konzert nach dem ersten Song. „Nee, muss reichen." Warum diese unnötige Selbstkasteiung? Um zu zeigen, dass man stärker ist als die Zusatzstoffe?

Chips sind dazu erfunden worden, dass man sich die ganze Tüte in den Leib stopft. Jeder Krümel der Würzmischung, jedes einzelne Mikrogramm Zusatzstoff ist nur dazu da, die Gier des Menschen anzufeuern. Chips sind wie Crystal Meth. Man will eine Handvoll und direkt danach die nächste.

Man will den Chipsmatsch im Mund haben, das Krachen beim Kauen, das Salz, das Pulver, das Verlangen.

Wenn man dieses Suchtverhalten nach lächerlichen 25 Gramm unterbricht, geht eine Tür zur Hölle auf.

Es gibt doch diese Plastik-Clips, mit denen man Chipstüten verschließen kann? Das ist die unnötigste Erfindung aller Zeiten. Wer braucht die?

Kronch, kronch, kronch. Finger fettig, Tüte leer, 1.800 Kcal auf dem Konto. So macht man das mit Chips.

**IMMER.**

# 25 GRAMM **KARTOFFELCHIPS** SIND EINE WOHLTAT.

WENN DIE ERSTE dünne Kartoffelscheibe auf der Zunge liegt, langsam am Gaumen zerdrückt wird und in viele kleine Teile zersplittert, wenn salzige Gewürzmischungsinformationen über kurze Umwege im Gehirn landen und die Synapsen zum Glühen bringen, ist es genau der richtige Zeitpunkt, um Stärke zu zeigen.

Die Gewürze sollen nicht die Kontrolle über die Beherrschung gewinnen. Sondern umgekehrt. Es ist wie 30 in einer 30er-Zone fahren.

Wenn man Connaisseur*in der eigenen Sinne wird, ist das tatsächlich ein großes Gefühl – und passt in keine Chipstüte der Welt.

# WÄHLEN GEHEN IST EIN VOLLKOMMEN UNNÖTIGER ZWANG!

„WIE SOLL MAN den Politiker*innen denn noch glauben? Die machen sich die Taschen voll, versprechen Dinge, die sie nicht einhalten, kriegen nichts auf die Reihe und sind dafür verantwortlich, dass es dem Land immer schlechter geht. Wenn man sich mal anguckt, was da für Leute im Bundestag sitzen! Planlose Studienabbrecher sind das. Haben noch nie in ihrem Leben gearbeitet. Nix können die! Außer in Talkshows sitzen. Alle korrupt!

Es ist egal, welche Partei, die sind alle schlimm!

Deswegen: auf keinen Fall wählen. Kreuze machen ist Kugelschreiberverschwendung und man muss sich immer über das Ergebnis ärgern."

*(Manfred, 58, Internet)*

# **WÄHLEN GEHEN** IST ERSTE PFLICHT UND TOTAL WICHTIG.

WIE ANGENEHM WÄRE eine Welt, in der nur diejenigen, die wählen gehen, über die Politik meckerten?

# VORGEWÄRMTE SITZE.
## BITTE NEIN.

IN DER BAHN oder im Bus einen Sitzplatz zu ergattern, ist immer sehr angenehm. Dieser bunte Plüsch ist schön weich, man muss nicht stehen und die ganze Zeit irgendwelche Schaukelbewegungen ausbalancieren. Es sei denn, es hat bis vor wenigen Sekunden jemand auf diesem Platz gesessen. Dann hockt man auf einem angewärmten Sitz und fragt sich, wessen Restwärme da gerade in einen selbst übergeht: Wer war das? Wie war dieser Mensch drauf? Glücklich? Wütend? War es ein Rap-Teenie? Eine Rosenkohl-Oma? Ein Sozialversicherungsangestellter? Ein Schwitzer?

Während man so da sitzt und über die Osmose nachdenkt, fällt einem plötzlich eine noch schlimmere Sitzheizung ein: Der Erstkontakt von empfindlicher Gesäßhaut und einer warmen Klobrille.

Egal, ob Familienmitglied oder Raststättenklo: Die Restwärme eines anderen Menschen direkt am eigenen Intimbereich zu spüren, ist ein grauenhafter Moment. Als würde einem von dem Menschen, dessen Körpertemperatur in der Klobrille gespeichert ist, beim Geschäft zugesehen.

„Naaaa, wie läufts?"

Es zieht sich einfach alles zusammen, ein Schockmoment wie Gehirnfrost, wenn man Eis isst oder aus Versehen auf ein Stück Alufolie beißt.

Diese subtile Foltermethode, diese besondere Abart von „Klinke in die Hand geben" ist …

## … ERNIEDRIGUNG PUR.

# VORGEHEIZTE SITZE. IM WINTER EIGENTLICH GANZ GUT.

ES GIBT EIN noch furchtbareres Gefühl als den Erstkontakt von empfindlicher Gesäßhaut und einer warmen Klobrille: den Erstkontakt von empfindlicher Gesäßhaut und einer kalten Klobrille. Gerade im Winter, vor allen Dingen an Tankstellen. Man bringt gerade noch ein mit zusammengekniffenen Beinen „Chmüsstemakurzauftoilette" und erhält einen Schlüssel am Ölkanister. Dann beginnt eine Abenteuersafari, hinter der dritten Tanksäule links findet sich ein Verschlag, den die Tankstellenmenschen zärtlich „Kundentoilette" nennen. Dort ist es immer ungeheizt und unbeleuchtet und schon im Frühherbst friert man an der Klobrille fest, wenn man nicht den menschenunwürdigen Hocktanz aufführen möchte.

Von daher sind warme Klobrillen im Winter wie eine kleine Wärmflasche für den Po. Die Klobrille als Restwärme-Staffelstab, total praktisch. Wenn man die sehr beneidenswerte Fähigkeit hat, auszublenden, woher die gespeicherte Restwärme kommt.

Das gilt natürlich nicht nur für Klobrillen, sondern auch für Busund Bahnsitze.

# EINEM TIER IST SEIN **NAME** SCHEISSEGAL.

**VIELE MENSCHEN LASSEN** sich von Top-10-Listen inspirieren, wenn es um Tiernamen geht. Wenn man so einen kleinen Hundeklumpen sieht, denkt man zum Beispiel: „Du wirst ab sofort Brutus heißen, denn du wirst mal ein bulliger Wachhund." Oft macht man dabei die Rechnung ohne das Hundegehirn, die Gene und die eigenen Fähigkeiten, ein Tier zu erziehen.

Hier die ehrliche Top-10-Liste von Hundenamen in Deutschland.

1. NEIN!

2. RUNTERVOMSOFA

3. WASHASTDUJETZTSCHONWIEDERANGESTELLT?

4. DUBISTSOEINBLÖDESVIEHALSOECHT

5. SITZ!!!PLATZ!!!

6. KOMMJETZTHER

7. BOAHDUHASTGEFURZTMACHMALDASFENSTERAUF!

8. AUUUUS!

9. JAFEIN!!! SOEINFEINERBISTDU!!!

10. SCHADEDASSDUKEINEKATZEBIST

(In abgewandelter Form auch für Katzen, Pferde und Kinder anwendbar.)

# **NAMEN** FORMEN DEN CHARAKTER EINES TIERES.

VIELE MENSCHEN LASSEN sich von Top-10-Listen inspirieren, wenn es um Hundenamen (und auch Kindernamen) geht. Oft passt die Entwicklung des Tieres tatsächlich zum gegebenen Namen. Und wenn nicht, ist es immerhin niedlich.

Hier eine halbwegs offizielle (aus dem Internet zusammengesuchte und auf Hundewiesen empirisch erforschte) Top-10-Liste von Hundenamen in Deutschland.

1. BUDDY

2. LUNA

3. BALOU

4. FRITZ

5. LOTTE

6. COOKIE

7. KIRA

8. MAYA

9. MAX

10. LANA

# DER HANDSCHLAG:
## GESELLSCHAFTLICHER KLEBSTOFF.

IN DEN SELTENSTEN Fällen ist ein Handschlag angenehm. Mal wird einem von einem Berserker die Mittelhand gebrochen, mal hat man das Gefühl, anstelle einer Hand einen gerade verstorbenen Fisch in der Hand zu halten. Hände sind zu nass, zu kalt, zu warm, zu brutal. Irgendwas ist immer.

Spätestens seit Corona wurde der Handschlag größtenteils wegdesinfiziert. Nur borniert Leute und hanseatische Kaufmänner in Cordhosen bestehen auf den „ohntlichn Handschlach".

Kinder werden per Erziehung gezwungen, wildfremden Onkels und Tanten die Hand zu geben. „Weil man das so macht." In Wahrheit nutzen viele eine Begrüßungsform aus dem Römischen Reich.

Wie viel Zeit man schon damit verplempert hat, als jemand zu einer Gruppe Menschen zu stoßen und jedem/jeder die Hand zu geben. Allein das Überlegen „Bei wem fange ich an?" hat schon unfassbar viel Lebenszeit verschwendet.

Der Handschlag ist nicht integrativ, es ist eine westlich geprägte Begrüßungsformel, im Islam, im Judentum und im Hinduismus ist der Handschlag nicht üblich. Im asiatischen Raum ist ein zu fester Handschlag unhöflich. Dazu kommt, dass über die Hand viele Erreger weitergegeben werden. Immer noch waschen sich viel zu wenige Menschen die Hände nach dem Toilettengang.

Obwohl diese Formel die Menschen für einen kleinen Schüttelmoment vereinen soll, erreicht sie das Gegenteil.

Noch schlimmer als der Handschlag sind natürlich diese Bussi-Bussi-Umarmungen und die Fußbegrüßung, dieses alberne Handschlag-Ersatz-Getänzel, das es kurz zu Corona-Zeiten gab. Wenn mittelalte Büroleiber und eingerostete Bewegungsruinen sich für kurze Zeit auf nur einem Bein gegenüberstehen und taumeln, ist das komplett entwürdigend.

# DER HANDSCHLAG:
## GESELLSCHAFTLICHER SPALTKEIL.

WIE VIELE GEBRAUCHTWAGEN, Fahrräder, Akten-koffer, Zelte und Kommoden haben schon per Handschlag den oder die Besitzer*in gewechselt? Wie viele Jobs wurden schon angenommen, Pferdewiesen vermietet oder einfach auch nur gute Gespräche gestartet?

Der Handschlag ist ein Ermöglicher, ein kleines Stück Frieden, eine respektvolle Geste.

Die letzte Geste, die den Handschlag ernsthaft abgelöst hat, war nicht die Corona-Faust, sondern der Hitlergruß.

Allein die Erinnerung an die NS-Zeit lässt jeden einzelnen Hand-schlag zu einem wichtigen gesellschaftlichen Aspekt werden. Der Handschlag ist ein Mahnmal aus Fleisch, Sehnen und Knochen. Eine lebendige Erinnerung an ein „Nie wieder". Und zwar bei jeder einzelnen Begrüßung.

# KEIN **NAME** OHNE VORURTEIL.

**DIE ELTERN VON** dem Jungen waren nicht nur total besoffen, als sie sich kennengelernt haben, sie waren auch sehr jung. Der Vater war 17, die Mutter 14. Sie trieben es gleich nebenan im Dixie-Klo. Laut und dreckig.

Jetzt ist der Kleine schon sieben Jahre alt, die ersten colabedingten Bröckelzähne sind schon ausgefallen. Zum Frühstück gibt es bei der Familie jeden Morgen Energy-Drinks, Bifi Roll und Tilidin. Gearbeitet haben die Eltern noch nie. Den ganzen Tag läuft Trash-TV und es gibt Fertigessen aus der Mikrowelle. Der Jungvater träumt von einem mattschwarz folierten AMG, die Mutter von einer Chance. Wird aber beides nichts werden.

Der Kleine hat zum zweiten Geburtstag eine Playstation bekommen. Zur Einschulung gab es ein Hals-Tattoo. (Motiv: Kleiner roter Traktor).

Der Vater dealt ein bisschen, schlägt ab und zu mal zu und betrügt die Mutter des Kindes nach Strich und Faden. Die Mutter hatte was mit dem besten Freund des Vaters und wird ihm niemals sagen, dass der Kleine nicht sein Kind ist.

Der Junge wird die Schule schon in der dritten Klasse schmeißen und die schiefe Bahn niemals verlassen.

**NA? WIE HEISST DER KLEINE WOHL?**

# **NAMEN** SIND NUR SCHALL UND RAUCH.

NAMEN, AUCH WENN sie ein Stück weit identitätsprägend wirken, sind auch nur Sprungschanzen für Vorurteile.

Es lohnt sich, diese Schanze ab und zu mal nicht zu nehmen – kann nämlich sehr gut sein, dass man selbst sehr hart landet und sich einen Namen macht. Keinen besonders schönen.

Wer sagt, dass Tyler-Jerome der Kleindealer sein muss? Wer sagt, dass Hagen-Konstantin eine Karriere als FDP-Kommunalpolitiker anstrebt? Wer sagt, dass Mandy eine gut aussehende, aber dümmliche Supermarktkassiererin mit künstlichen Nägeln ist? Wer sagt, dass jemand mit einem „von" im Nachnamen gute Sitten hat?

**EBEN. ALLES IST MÖGLICH. NAMEN SIND EGAL.**

## DIE SITZMULDE: EIN TÖDLICH LANGWEILIGER ORT.

ALLEIN SCHON DAS schmatzende Geräusch beim Hinsetzen, gern begleitet von einem „uff" oder einem „aärg". Es ist das Geräusch, das das Sofa macht, wenn es einem ein Stück Leben weglutscht. Das Sofa mit der reingesessenen, reingeschwitzten, reingefurzten Sitzmulde ist in den allermeisten Fällen in Richtung Fernseher ausgerichtet, die Menschen hocken da wie Hühner auf der Stange und gucken in die Idiotenfackel. Ein Ort zum Verdummen, nebenbei gucken die meisten Leute noch ins Smartphone, um doppelt zu verdummen. Die Sitzmulde ist das Sammelbecken für Milben, Kleckerfetzen und verpasste Chancen. Eine schmierige Müllhalde für menschliche Langeweile. Eben war man noch der Mensch mit den Weltreiseplänen, jetzt stempelt man seinen Lebensrest in dieses Sitzmöbel. Was ist nur aus dir geworden?

Wenn man durchschnittlich pro Tag drei Stunden auf dem Sofa abhängt, sind das im Jahr über 45 Tage. Die Sitzmulde, dieser reingesessene Eindruck, ist eigentlich ein Mahnmal der Lebenszeitverplemperung. Die Sitzmulde ist Leben im Konjunktiv. „Es könnte so schön sein." Tja, ist es aber nicht, wenn man nichts macht. An der Tiefe der Sitzmulde lassen sich drei Dinge ablesen: Couchalter, Naschkramzufuhr pro Woche und verpasste Erlebnisse. Bei einigen Menschen ist die Sitzmulde tatsächlich so tief und trüb wie ein Baggersee.

Irgendwann, wenn es viel zu spät ist, hockt man in der Mulde wie so ein Bodenbrutvogel und dann fällt es einem ein: „Die letzte Sitzmulde hat keine Lehne!"

**ABER DANN IST ES ZU SPÄT.**

# DIE SITZMULDE: DER BESTE PLATZ DER WELT!

KLUGE, REFLEKTIERTE UND besonders ausgeglichene Menschen erkennt man an der Tiefe ihrer Sitzmulden. Wer viel auf dem Sofa abhängt, lädt den Lebensakku immer vollständig auf, hört viel Musik, guckt viele Serien, liest viel, denkt viel nach und ist auf jeden Fall gut abgehangen.

Die Sitzmulde ist ein Gratmesser für die Entspanntheit. Je tiefer, desto relaxter.

Eine tiefe Delle im Sofa ist dieses Laissez-faire, nach dem man sich so sehnt, wenn man durch den hektischen Alltag jagt. Ort der Geborgenheit, das Tal der guten Laune. Die eigene Sitzmulde ist Teil des persönlichen UNESCO-Weltkulturerbes. Der wichtigste Ort der Welt.

Wie oft ertappt man sich im Urlaub, wenn man in den italienischen Alpen oder in der kanadischen Wildnis sitzt, komplett entspannt ist und denkt: „Aber zu Hause ist auch schön." Der Arsch sehnt sich dann nach diesem bleibenden Eindruck.

**MAN SOLLTE DER SITZMULDE EIN DENKMAL SETZEN – AM BESTEN INS SOFA.**

# LEBEN OHNE **MORAL!**

IST DOCH JETZT auch egal. Die Welt brennt und ist im Krisenmodus. Da kann man auch einen alten Achtzylinder kaufen, durch die Gegend fahren und sich auf einer Kreuzfahrt neun Extrakilos ranfressen. Stundenlang duschen, Heizung auch im Sommer voll aufdrehen, Fenster aufreißen. Müll in die Gegend pfeffern. Aus dem teuren Weber-Grill einen Einweggrill machen und ihn in den nächsten Fluss schmeißen.

Öffentlich Reifen verbrennen ist auch kein Problem mehr. Vollgas! Man lebt nur einmal, nach vorne gucken, ist doch wirklich wumpe, was mit den nachfolgenden Generationen noch passiert.

Wie viel Geld bekommt man noch für Oma? Paarhundert Euro vielleicht, die man auch gut in Drogen oder Gin investieren kann.

Den Kanister Motoröl und die Pötte mit der alten Farbe und den Lackeimer kann man auch einfach in den Gully schütten. Wozu Recyclinghof? Für wen denn?

Maske aufsetzen in der Bahn? Hahaha!

Rücksicht? Warum? Vollkommen unnötig. Kreditrahmen werden ausgeschöpft, sinnloser Quatsch gekauft, Champagner muss verspritzt, Kobe-Rind so lange in der Pfanne gebraten werden, bis es ungenießbar ist.

Vor allen Dingen endlich mal probieren, ob der Enkeltrick wirklich funktioniert.

**MAL SEHEN, WIE VIEL MAN ABGREIFEN KANN.**

# LEBEN MIT **DOPPELMORAL.**

A B  U N D  Z U  schaltet man fast automatisch in den „Na ja, eigentlich-Modus". Ist auch gar nicht schlimm, weil es sich – na ja, eigentlich – gut anfühlt, sich darüber bewusst zu sein, nicht immer alles richtig zu machen.

„Na ja, eigentlich bin ich mit dem Fahrrad unterwegs, aber wenn es eine Regenwahrscheinlichkeit gibt, nehme ich das Auto."

„Na ja, eigentlich achte ich aufs Klima, aber natürlich will ich nicht auf Avocados verzichten."

„Na ja, eigentlich würde ich mich schon engagieren, aber wenn mich jemand vom NABU ansprechen will, gehe ich immer schnell weg."

„Na ja, eigentlich will ich mal weniger Fleisch essen, aber ..."

„Na ja, eigentlich muss man nicht jeden Tag duschen, aber ich brauch die 20 Minuten unter der Dusche für mich."

Was in diesem Zusammenhang sehr gut ist: wenn man die „aber immerhin"-Dinge weiter ausbaut.

„Aber immerhin esse ich viel weniger Fleisch."

„Aber immerhin fahre ich häufiger Fahrrad oder Bahn."

„Aber immerhin bin ich Otterpate."

Vielleicht schaffen wir ja ein „Aber immerhin" – „Na ja, eigentlich" – Verhältnis von 70 : 30.

**WÄRE ZUMINDEST MAL EIN ANFANG.**

# VERKLEIDUNGEN SIND ÜBERFLÜSSIG UND BESCHEUERT.

DAS MIT DEM Verkleiden fängt im Kindergarten an und hört erst bei der letzten Verkleidung, dem Totenhemd, auf. Menschen verkleiden sich gern. Egal, ob Karneval, Fasching, Cosplay, Mottoparty, Burning-Man-Festival, Drag Queen, Mittelaltermarkt oder einfach nur so: Aus Büro-Peter und Zahntechniker-Sabine werden Batman und eine niedliche Hummel. Jonas wird zum edlen Ritter, Stefan Minnesänger, Anna wird eine Fee aus der Scheibenwelt. Björn wird zum gruseligen Puppenbaby.

Verkleidet sind die Menschen hemmungslos. Dann knutschen vollkommen besoffene Marienkäfer mit irgendwelchen Aliens rum. Oft wird daraus mehr und sie zeugen Nachwuchs. Die Neugeborenen sehen zunächst aus wie ein Haufen Matsch, knittern sich dann aber irgendwann zurecht. Das hemmungslose Rumgeknutsche würde ohne Verkleidungen nicht passieren, weil die Menschen sich in der realen Welt nicht trauen, sie selbst zu sein. Sie müssen ihre verkümmerten Egos unter irgendwelchen Kostümen aus Pappmachée verstecken. Das ist nichts anderes als eine bunte, furchtbare Unehrlichkeit. Die Leute brauchen schlechte, laute Musik und Unmengen von Alkohol oder Drogen, um mit der Scheinwelt klarzukommen. Was sehr traurig ist.

Sind Unverkleidete feige? Wenn ja, warum? Warum können die nicht auch unverkleidet so offen sein wie verkleidet? Warum braucht man diese sonderbaren Schutzhüllen?

IM GRUNDE GENOMMEN SIND KOSTÜME DOCH NUR VERKLEIDUNGEN FÜR GEFÜHLE.

# **VERKLEIDUNGEN** SIND WICHTIG UND LEHRREICH!

WENN MAN VERKLEIDET ist, übt man Empathie. Man versetzt sich in die Lage eines anderen Menschen (oder Tieres oder einer Fantasiefigur, manchmal auch eines Gegenstandes.) Man schickt die eigenen Gefühle und Empfindungen auf eine Entdeckungsreise. Plötzlich denkt und redet man wie ein*e Pirat*in oder wie eine Duschkabine. Allein dafür lohnen sich Verkleidungen sehr und es ist verdammt gut, dass schon im Kindesalter mit dieser fantastischen Übung begonnen wird.

Eine Verkleidung ist auch eine sprichwörtliche Ritterrüstung und kann eine sehr wichtige Schutzfunktion haben. (Weiß ich selbst sehr gut.) Durch Verkleidungen können schüchterne Menschen mal aus sich herauskommen. Extrovertierte können sich mal in ein Schneckenhaus zurückziehen.

**VERKLEIDUNGEN SIND EINE WIN-WIN-SITUATION. FÜR ALLE.**

> KARNEVAL MALE ICH MIR EINEN SEITENSTREIFEN UND GEHE ALS ZAHNPASTA.

# KONZERTE MIT DEM SMARTPHONE FILMEN: NEE, LASST MAL.

VIELE MENSCHEN HABEN eine starke Sehnsucht nach echten Konzerten, das hat Corona gezeigt. Endlich wieder wie ein Turm in der wabernden Masse stehen, das Handy hochhalten und verwackelte, völlig übersteuerte Matschaufnahmen machen, die man sich niemals anguckt, sondern irgendwann für das nächste J77Candy-Crush-Update löscht.

Mal ganz, ganz ehrlich jetzt:

Die Bands stehen nicht in irgendwelchen kalten und schimmeligen Bunkerräumen und proben ihre Songs immer und immer wieder, um vor einem reglosen Publikum zu spielen, das lieber die Pixel-Einstellungen am Handy checkt, als sich treiben zu lassen.

Das Publikum wird zur leblosen Excel-Tabelle. Da braucht es auch keine Konzerte mehr, da langt echt ein YouTube-Clip.

# KONZERTE MIT DEM SMARTPHONE FILMEN: IST SUPER.*

WAS FÜR EIN geiles Gefühl, wenn man nach einem Konzert nach Hause kommt und sich die paar Clips noch mal ansehen kann. Eine Handy-Aufnahme der Lieblingsband ist der persönliche Mitschnitt. Das eigene Erleben wird dokumentiert, am besten ist es natürlich, wenn in der Aufnahme was Unvorhergesehenes passiert. Der Gitarrist stürzt, der Sänger vergisst den Text, der Drummer macht dem Bassisten einen Heiratsantrag. Man kann das gut auf Instagram teilen. Das Internet ist ja voll von solchen Momenten, diese Aufnahmen sind wichtig für die Menschheit. Stilprägend.

Man bekommt viele Likes und viele Kommentare, so was wie: „Woaaaaah! Da wär ich auch gern gewesen. Richtig gutes Video, danke, dass du das mit uns teilst. NEID!!!!!"

Und es darf nichts verloren gehen, keine Sekunde. Man könnte meinen, dass sowohl das Internet als auch die Handykameras für diese Momente erfunden wurden, zumindest wären die Dinge sinnloser.

Man kann auch sehr gut mit eigenen Aufnahmen angeben.

„Ich war beim Konzert von SCOOTER!"

„Spinn nicht."

„Hier, guck! Ich weiß, was der Fisch kostet!"

**HANDYAUFNAHMEN AUF KONZERTEN MACHEN DIE WELT BESSER.**

---

\* Meine Lektorin hat mich zu diesem Text gezwungen: „Wir haben hier Fotos in der Schublade, du willst doch sicherlich nicht, dass die an die Öffentlichkeit gelangen, ooooder?"

# UNERREICHBAR: **DAS GROSSE GLÜCK.**

**DIE CHANCE, IM** Lotto zu gewinnen, liegt bei 1:973543423 10732678762387487235. (Circaangabe)

Einen unbekannten reichen Cousin elften Grades zu haben, der einem ein paar Millionen vererbt, ist leider auch nicht sehr wahrscheinlich.

Sich einen sehr teuren Traumwagen zu kaufen und ein Stück Glück zu erfüllen, ist möglich, aber man steht mit der Karre ständig im Stau und hat auch nicht ständig nur gute Laune, wenn man darin fährt. Dazu der Wertverlust. Und die Benzinkosten. Und der Lindenblütenmatsch auf dem Lack.

Beim Wandern einen Goldschatz zu finden, passiert einem auch nicht oft.

Eine*n Lebenspartner*in zu finden und eine Beziehung zu führen, in der man immer nur glücklich bis zum Anschlag ist, ist nahezu unmöglich. (Die Chance, im Lotto zu gewinnen, ist wahrscheinlich höher.)

Das große Glück ist irgendwie immer weit weg von einem selbst, immer nah dran an den anderen. Es ist total menschlich, trotzdem an das große Glück zu glauben und ihm hinterherzurennen, man kommt ja kaum daran vorbei. Überall glückliche Menschen, Lottogewinner*innen, goldene Hochzeiten.

Das omnipräsente große Glück baumelt vor einem wie die Möhre vor der Eselsnase und man schnappt danach, während man das eigene Leben vergniedelt.

**UFF.**

# VIEL NÄHER DRAN: **DAS KLEINE GLÜCK.**

EIN LIED DAS erste Mal hören und sofort sehr gut finden, auf einer Parkbank sitzen und ein Rotkehlchen kommt einem ganz nah und tschilpt einen an. – Ein Spiegelei braten und es ist perfekt. – Von einer Radtour nach Hause kommen und es fängt in der Sekunde an zu regnen, in der man die Haustür aufschließt. – Beim Bäcker gibt einem der Verkäufer genau das Brötchen aus der Auslage, das man haben möchte, ohne dass man stammeln muss: „Das da vorne, nee, das andere, dahinter, das etwas hellere …" – Ein Buch lesen und nach den ersten beiden Sätzen wissen, dass man es nicht mehr aus der Hand legen wird. – Die Winterjacke aus dem Schrank holen und in der Tasche noch Hustenbonbons und drei Euro fünfzig finden. – Zu Hause sitzen, trübe Gedanken haben und dann kommt eine Nachricht einer Freundin rein: „Bist du spontan? Hab zwei Konzertkarten für heute. Hol dich in einer halben Stunde ab." – Bei der Hautärztin sitzen, weil man denkt: „Das ist bestimmt Hautkrebs", und sie sagt: „Sie haben das gut beobachtet. Ist aber nur eine Alterswarze." – Beim Mau-Mau gewinnen. – Sich im Supermarkt damit arrangieren, dass man die nächste halbe Stunde in der sehr langen Schlange stehen wird, als gerade eine neue Kasse aufmacht. – Aus Kühlschrankresten eine Sauce zusammenkochen und sie schmeckt zufällig deliziös. Und so weiter.

Es ist gut, die kleinen Momente nicht zu verpassen, während man dem großen Glück hinterhertaumelt! Die kleinen Momente machen nämlich wirklich glücklich. (Wobei man das meistens erst merkt, wenn die Momente schon vorbei sind.)

IMMER WENN DAS GLUECK ZUM GREIFEN NAH IST, HAETTE ICH GERNE HAENDE.

# „ALL YOU CAN EAT" IST KOMPLETT PERVERS.

EIGENTLICH IST „ALL YOU CAN EAT" nichts anderes als ein dekadentes Magenweitungsprogramm der westlichen Welt. Büfettgewordene Überheblichkeit, gewürzt mit Ignoranz, Verbissenheit und Abschaum. Sich mal so richtig satt fressen, aber aus taktischen Gründen nichts trinken, damit mehr in den Bauch passt. Wie die Schweine, die sich in den Trog legen, hängen Menschen über dem Büfett, das mit schwachen Wärmelampen warm gehalten wird. Die Qualität der Ware: minderwertig. Die Lebenseinstellung der Menschen: übergierig.

Die Suppen sind salziger Rotz, die Pizzastücke aufgewärmt und so trocken wie Sperrholz. Auf der Pastasauce ist eine feste Gummihaut, das verarbeitete Fleisch ist hochgezüchteter Billigramsch. Alles nicht gut, trotzdem schlürfen und schmatzen sich die Leute die Pampe rein und gehen mehrmals zum Nachholen. Kulinarisch sind sie ganz unten in der Nahrungskette.

Der Magen schmerzt, man kann kaum noch schlucken, die Speiseröhre ist schon voll bis zum Gaumenzäpfchen. Aufgeben? Nein, das ist nicht drin – nicht als Made. Stattdessen wird der offizielle Satz fürs Weiterfressen gesagt: „Ich mach jetzt den Knopf auf." Dann geht es in die nächste Runde. Zwei, drei Frikadellen, bisschen Rührei und Rote Grütze mit Vanilleeis gehen noch. Und Kaiserschmarrn, dazu Chicken Wings.

„All you can eat" heißt übersetzt: „Von Müllschluckern lernen heißt stopfen lernen."

**IMMER REIN DAMIT.**

# „ALL YOU CAN EAT" IST IM GRUNDE GENOMMEN VOLL SCHLAU.

ES IST ALLES da, iss doch einfach so viel du kannst!

Das Konzept wird in seiner Einfachheit verstanden und die Leute nehmen es sehr ernst.

Treffen Menschen, die dieses Nahrungsaufnahmekonzept verfolgen, am Ende die besseren Entscheidungen? Sind sie für den Moment die schlaueren Menschen?

Sie lassen sich für den Moment nur von ihren Impulsen leiten und verdaddeln keine einzige Sekunde damit, über irgendwelchen Speisekarten zu hocken und sich nicht entscheiden zu können.

Sie haben den Kopf frei, ganz andere Dinge zu denken. Plötzlich ist da die Antwort auf eine schwierige Frage oder da ist dieser eine Gedankenblitz – weil man nicht darüber nachdenken muss, ob man jetzt Büffelmozarella oder Antipasti-Türmchen haben möchte. Oder doch den Fisch? Pasta mit Trüffel? Was mit Pilzen? Wäre was Asiatisches nicht gerade viel besser? Schnitzel?

In den allermeisten Fällen ist das Gehirn doch eh überfordert und man sagt den Satz, der in Restaurants am häufigsten gesagt wird. Man zeigt auf ein Gericht und sagt: „Ich nehm das da."

Das passiert Menschen, die sich durch das „All you can eat"-Angebot mampfen, nie.

# DER ERSTE BEZIEHUNGSPUPS
## IST PEINLICH!

NACHDEM MAN DIE ersten Hürden einer beginnenden Beziehung genommen hat und das überwältigende Gefühl des „Wir sind jetzt zusammen! Wir sind ein richtiges Paar!" im Herzen Platz genommen hat, fängt man an, sich zu entspannen.

Verknallt sein ist so gut! So toll! So bunt! So wichtig!

Irgendwann, in einem Moment der organübergreifenden Entspannung, rutscht er versehentlich raus. Pfffffrrrt.

„Oh. Äh."

Der erste Pups wird meistens beschämt weggelächelt.

Vielleicht ist es ein trockener Kracher, vielleicht aber auch ein fieser Zischer, den man versehentlich unter die Bettdecke schummelt. Zischer stinken! Kracher sind laut! Die Wahl besteht aus Hölle und Hölle.

Auch wenn man auf Klo sitzt und pinkelt, wummert gern mal einer raus und wird von der Porzellanschüssel auf gefühlte 1.200 Dezibel verstärkt.

Mit diesem kleinen Geräusch (oder schlimmer: Geruch!) bricht schon mal eine ganze Welt zusammen. Es ist abgrundtief peinlich, man würde sehr viel dafür geben, die Zeit zurückdrehen zu können oder wenigstens ein einziges Mal die einmalige Fähigkeit zu besitzen, einen Furz anal wieder einatmen zu können.

Stattdessen legt sich die Peinlichkeit wie eine raue, kratzige Decke (gefertigt aus Stahlbeton und Gnuwolle) über den Tag. Es ist grauenhaft. Für eine lange Zeit besteht man aus diesen 0,4 Sekunden, die dieser kleine Pups gedauert hat, alles wird daran gemessen.

Blicke wandern nach unten. Alles ist entblößend. Alles ist schlimm. Man ist nackt bis auf die Seele.

Der erste Beziehungspups teilt die Zeit in ein „davor" und ein „danach". Diese kleine platzende Gasblase ist so mächtig, dass ganze Beziehungen daran zerbrechen können.

# DER ERSTE BEZIEHUNGSPUPS
## IST MONUMENTAL!

1968. DIE MENSCHEN fordern Freiheit für die Liebe! Die sexuelle Revolution ist im vollen Gange. Woodstock, verschlammte Körper, alle nackt. Es wird wild geknutscht, die Liebe ist frei. Alle können alles machen – und alle machen alles.

Diese Revolution ist auch irgendwann in das stocksteife Quittungsnazideutschland geschwappt. Plötzlich war Sex vor einer Ehe denkbar.

Lasst doch so was auch für Pupse machen. Lasst sie raus! Gerade, wenn ihr verknallt seid.

Es ist lustig, zumindest aber unterhaltsam. Wenn es euch ein bisschen zu peinlich ist, esst zusammen Rosenkohl mit Kichererbsen und Zwiebeln und überlegt euch eine Bewertungsmatrix. Von „Spatz" über „kaputte Posaune" bis „Brontosaurus Rex", von „Das war der Flügelschlag eines kleinen Schmetterlings" bis „Wenn es klingelt, machen wir lieber nicht auf – es könnten die UN-Waffenkontrolleure sein." Verbringt den Abend zusammen und feuert euch die Rosetten wund. Furzen ist besser als Netflix. Gesund ist es auch. Es ist herrlich, es ist befreiend. Alle machen es. Und wie schlimm ist es, einen Furz hin und her zu wälzen, bis man endlich allein ist und endlich loslegen kann.

Das sind zuweilen kritische, geologisch messbare Prozesse, vergleichbar mit einer plattentektonischen Verschiebung.

Kleiner Tipp noch: Wenn ihr mit Freunden oder der Familie zusammen seid, guckt euch kurz in die Augen, bevor ihr loslegt. Kann komisch wirken.

Haben die Leute damals, 1968, auch gemacht.

WENN DU MICH SCHON WIE LUFT BEHANDELST, HOER WENIGSTENS AUF ZU ATMEN.

# FAHRRADHELME LASSEN EINEN DUMM AUSSEHEN.

DIE FRISUR IST Teil der menschlichen Ausdrucksweise. Sie wird mit Präparaten, die „Surf-Matte", „Paris superior Styling Foam" oder „Wall-Street-Gel, ultra strong" aufgebaut und bestenfalls noch geföhnt. Heiße Luft durchstrudelt die Haare.

Man will den Wind auf der Kopfhaut spüren, die Gedanken sollen einmal aufgefrischt und durchgewühlt werden. Trägt man einen Helm, geht das nicht mehr. Noch schlimmer: Mit einem Helm sieht man aus wie eine Ameise, die gerade Fahrradfahren gelernt hat. Gerade, wenn man eine Glatze hat, sieht man sehr ameisenhaft aus. Nimmt man die Schale ab, bleibt eine Helmfrisur, da, wo Kanten und der Gurt sitzen, bleiben Beulen. Es ist wirklich total beknackt. Gibt ja auch Helme, die ein Billardkugel-Design haben oder aussehen wie eine Melone. Was witzig gemeint ist, sieht infantil und dumm aus. Ein Helm nimmt einem Freiheit – er ist das Hartplastik gewordene Tempolimit für das Fahrrad. Fährt man mit Helm, zischt der Wind direkt in die Ohren, nach kürzester Zeit rinnt einem der Schweiß die Stirn und die Schläfen hinab. Beschämend!

Eine schwitzende Ameise mit Melonenhelm.

Trägt man einen sportlichen Helm, wie ihn Rennradfahrende tragen, sieht man aus wie ein Insekt aus einem fiesen Manga-Comic. Jeder Mann sieht aus wie ein Torben oder Lutz, jede Frau wie eine Annika oder Stefanie. („Kannst Steffi zu mir sagen, machen sowieso alle.") Am allerschlimmsten sind natürlich diese Helme, die auch noch blinken. Die lassen einen aussehen wie eine von diesen stumpfen Bumsbuden auf der Kirmes.

**EIN FAHRRADHELM IST EINE SPIESSIGE KOPFUMMANTELUNG FÜR LEUTE, DIE TORBEN HEISSEN.**

# ZERMANSCHTE KÖPFE LASSEN EINEN DUMM AUSSEHEN.

WENN MAN NACHTS um eins in der Notaufnahme sitzt und einem vollkommen übermüdeten Arzt auf die Frage: „Haben Sie einen Helm getragen?", mit: „Äh, äh, äh, normalerweise ... ja, heute ausnahmsweise mal nicht" antwortet, sieht man richtig beknackt aus.

Ist mir genau so passiert, bei null Grad. Bin auf einer einsamen Straße durch eine Pfütze gefahren, es war gerade so kalt, dass der Asphalt hinter der Pfütze durch die Tröpfchen, die die Reifen, die vorher durchgefahren sind, fliehkräftig weitergetragen haben, eine extrem glatte und unsichtbare Eisschicht auf sich trug.

Mein letzter Gedanke: „Oh." Dann lag ich. Wie lange, weiß ich nicht. Irgendwann standen drei Leute um mich herum und fragten mich, ob ich da sei.

Wahrscheinlich war ich nur ein paar Sekunden weg. Bin aufgestanden und wollte weiterfahren. Eine Frau, die mich ansah, meinte: „Nee, du fährst nicht weiter. Du fährst jetzt ins Krankenhaus."

Mein Stirnbein hatte meinen Aufprall gebremst. Mein Brillenbügel war abgebrochen und hatte sich neben meinem Auge ins Fleisch gebohrt. Ich habe geblutet wie ein Schwein, dazu war meine rechte Seite komplett geprellt und ich hatte natürlich eine Gehirnerschütterung. Was ich aber vor allem hatte, war verdammt viel Glück. Dann saß ich, wie gesagt, in der Notaufnahme und habe mich geschämt. Wie oft hört man von richtig schlimmen Fahrradunfällen.

Einem Unfall ist es wirklich komplett egal, ob man nur kurz zur Post oder so wollte. Er kann immer passieren. Auch bei 3 km/h.

Wie schlimm sieht man zum Beispiel aus, wenn man mit dem unbehelmten Kopf auf dem Kantstein aufschlägt und danach einen veritablen Hirnschaden im Kopf trägt – das gesamte restliche Leben lang.

**NA JA, IMMERHIN IST EINEM DIE FRISUR DANN AUCH EGAL.**

## BEIM DUSCHEN PINKELN:
### EXTREM WIDERLICH.

VIELE MENSCHEN VERGESSEN beim Duschen, dass sie eine Schließmuskulatur haben. Richtig schlimm ist es zum Beispiel in der Spargelzeit. Oder wenn man Multivitaminsaft getrunken oder Smacks gegessen hat. E-K-E-L-H-A-F-T!

Am schlimmsten ist es natürlich, wenn man nicht allein duscht und dem Aloe-Vera-Schaum etwas Urin beimengt.

Wozu wurden Toiletten erfunden? Warum erziehen Eltern ihre Kinder? Was, wenn man vor lauter Pinkeln auch noch andere Schließmuskeln lockert und einen Klumpen Verdautes in die Duschwanne kackt?

**MIT DEM PINKELN FÄNGT DIE KOMPLETTVERLOTTERUNG DOCH ERST AN!**

# BEIM DUSCHEN PINKELN:
## EXTREM GUT.

ES RETTET ZEIT, spart Energie und hält eine Zeitlang extra warm.

**IST DOCH SUPER!**

# BEIM **ZWIEBELSCHNEIDEN WEINEN:** LÄSTIG.

SCHLIMM GENUG, DASS die Zwiebelschale meistens nicht vernünftig abgeht und man nur so kleine Fitzelchen abprokeln kann. Zartbesaiteten treibt so was schon mal kleine Wutttränen in die Augen.

Aber tatsächlich ist die schwefelhaltige Aminosäure Isoalliin dafür verantwortlich, dass wir beim Zwiebelschneiden weinen müssen. Nach Verletzung der Zellstruktur mit einem (oftmals stumpfen) Messer wird sie zu Propensulfensäure umgewandelt. Durch weitere Reaktionen entsteht Propanthial-S-oxid. Das Zeug reizt die Schleimhäute, man muss weinen. Bu-huuuuuuu-huuuuuu.

Schneidet man Zwiebeln und jemand klingelt spontan, begrüßt man die Person mit den verheulten Augen eines Menschen, der gerade eine sehr schlimme Nachricht bekommen haben muss. Man sieht aus wie so ein trauriger Basset, der sich mit allerletzter Kraft zur Tür geschleift hat.

„Oh. Ist was Schlimmes ...?"

„Nein, nein, ich schneide nur Zwiebeln."

„Du kannst es mir gern sagen ..."

„Wie gesagt: Zwiebeln."

„Ja, aber ..."

„ICH! SCHNEIDE! ZWIEBELN!"

Missverständnisse sind vorprogrammiert, Streit, Krisen in der Partnerschaft, Scheidungen. Alles wegen Zwiebelsaft.

Aber damit nicht genug: Die Gefahr, beim Zwiebelschneiden auch Finger zu schneiden, ist extrem hoch. Man sieht alles nur verschwommen und plötzlich ist sie ab, die Fingerkuppe.

Zwiebeln wollen angedünstet werden. Diese Biester wollen auch noch eine Sonderbehandlung.

Dass diese Gemüsezicken für fast alle Gerichte nahezu unverzichtbar sind, ist so unverschämt, es könnte einem Tränen in die Augen treiben.

**ZWIEBELN SIND ZUM HEULEN.**

# BEIM **ZWIEBELSCHNEIDEN WEINEN:** WUNDERBAR.

MAL SO GESEHEN: Wenn Zwiebelsaft die Tränenkanäle ab und zu ein bisschen durchkärchert und die Tränenflüssigkeit nach draußen befördert, ist das doch sehr sinnvoll!

Es gibt doch manchmal diese unerwartet rührenden Momente, in denen es ungünstig wäre, einfach ein bisschen zu weinen. Egal, ob im Job, weil das DIN-A4-Blatt so schön gerade geschnitten ist, beim Kennenlernen der Schwiegereltern, weil das Hemd des Schwiegervaters in einem etwas auslöst oder an der Supermarktkasse, weil die Birne so schön ist. Ein tiefer Schluchzer ist da das höchste der Gefühle.

Die Zwiebel lockt zurückgehaltene Tränen raus und verhindert so, dass man einen wachsenden Sack voller Tränen durch sein Leben schleppen muss oder man einen Tränendrüsenkanalinfarkt bekommt.

Zwiebeln sind also gut gegen trockene Augenschleimhäute und sie schmecken obendrein auch noch himmlisch. Man stelle sich mal vor, wie langweilig eine Französische Zwiebelsuppe ohne Zwiebeln wäre.

Das Beste an Zwiebeln: Über den ein oder anderen Zwiebelfurz kann man tatsächlich schmunzeln.

Zwiebeln sind super! Und ich muss manchmal tatsächlich schon beim Gedanken ans Zwiebelschneiden weinen.

# DIE ZERRISSENHEIT AN DER EIN-KAUFSWAGENSAMMELSTATION.

**AM SUPERMARKTEINGANG.** Die 50 Cent für den hakeligen Schließmechanismus hat man schon aus der Tasche gefummelt, sie warten in der Hand.

Zeitgleich kommt eine Person vom Einkaufen, die Schritte sind synchron, das Timing exakt gleich, der Mensch will seinen Einkaufswagen zurückbringen und die 50 Cent Pfand zurückholen. Ein fließender Übergang ist möglich und eine quälende Entscheidung hämmert an die innere Tür.

„Soll ich jetzt den Einkaufswagen von jemand anderem nehmen und der Person 50 Cent geben?"

Die 50 Cent in der eigenen Hand sind warm, der Übertrag der eigenen Körperwärme auf die andere Person kann unangenehm sein. Viel zu intim!

Der Wagen kann nach den Einkäufen des-/derjenigen riechen. Vielleicht hat er sehr viel Stinkekäse gekauft? Oder roten Heringssalat, der leider ausgelaufen ist? Die Kohlblätter, die schlaff im Gitter hängen – sind die noch vom Vorgänger? Oder von gestern?

Dazu übermannt einen das Gefühl, jemandem Almosen zu geben. Blickkontakt. Zögern. Auffälliges Wühlen in der Hosentasche. Nicht selten dreht man einfach um und tut so, als hätte man was Wichtiges vergessen oder imitiert einen Gedankenblitz und nimmt doch nur einen Einkaufskorb, der schon am Gemüseregal hoffnungslos überladen ist. Dann schleift man den doofen Plastikkorb durch den Supermarkt und kommt mit langen Affenarmen zur Kasse.

Allein deshalb sollte man immer einen Einkaufswagenchip dabei haben.

# DIE ENTSCHLOSSENHEIT AN DER **EIN-KAUFSWAGENSAMMELSTATION.**

WIE GUT ES ist, wenn man sich einen Einkaufswagen nehmen will und gerade jemand vom Einkaufen zurückkommt und den Wagen zurückbringen will.

Man spart sich das Gefummel mit dem hakeligen Kettendings. Es ist wunderbar praktisch. Man gewinnt ein paar Sekunden Lebenszeit, die man vor dem Joghurtregal wieder verballern kann, weil man seinen Lieblingsjoghurt unter den 80.000 Marken nicht entdecken kann und man bekommt ein freundliches Lächeln. Alles fließt.

Die Einkaufswagensammelstation ist manchmal auch das analoge Tinder. „Die Liebe des Lebens lernt man nicht in der Disco oder in der Kneipe kennen, sondern im Supermarkt." Das kann tatsächlich so eine Situation sein.

Der Einkaufswagen als Date-Doctor.

Allein deshalb sollte man immer 50 Cent in der Tasche haben.

# KINDER SIND NERVIGE GEGEN-STROMANLAGEN AUS FLEISCH.

WIE ANSTRENGEND KINDER sind. – Geht mit dem Sex, der Schwangerschaft und der Namensfindung los, danach wird es nicht unbedingt besser. Sind sie klein und können das erste Mal stehen und greifen, reißen sie einem Sachen vom Tisch. Sie verteilen großflächig Mehl, Katzenfutter und Schuhcreme auf dem Boden und nennen es „kochen".

Man muss sie komplett durchbringen, sie füttern, 30-mal am Tag an- und umziehen, ihnen Spielzeug besorgen und ihnen die verkletteten Haare bürsten. Vom Windelwechseln mal ganz zu schweigen.

Man muss ihre Lieder singen und dazu klatschen, ihre Hörspiele hören und ihre behämmerten Serien gucken.

Natürlich wollen sie Sport machen. Also steht man sonntags früh um acht Uhr in einer 40 Kilometer entfernten Turnhalle, in der es nach Bockwurst, Adrenalin und Kinderschweiß in Synthetik-Klamotten riecht und trinkt dünnen Kaffee aus einem Pappbecher. Das sind Momente, in denen man sich fragt: „Warum?"

Kindergeburtstage wollen sie im „Rabazz" feiern, einem sehr großen Indoor-Spielplatz, wo es so laut ist, als würde man in der Turbine eines Airbus A380 kleben. Um nach so einem Nachmittag runterzukommen, braucht man zwei bis drei Kilo Crystal Meth.

Dann gibt es noch Kindergarten-WhatsApp-Gruppen und Elternabende.

Kinder verbringen 90 % ihrer Lebenszeit damit, vor dem Kühlschrank zu stehen und sich vollzufressen. Sind sie satt, nehmen sie einem den Lieblingsplatz vom Sofa weg.

Kinder fressen Zeit.

Wenn man nicht damit rechnet, klingelt es an der Tür. Dann stehen sie vor einem und drücken einem ein Bündel Mensch in die Hand. „Ihr seid jetzt Oma und Opa. Wir holen die Kleine Montag wieder ab. Tschau!"

# **KINDER** SIND DIE BESTE ERFINDUNG DER MENSCHHEIT!

BEI DEM GANZEN Erwachsenkram, den man den ganzen Tag so machen muss, muss man echt aufpassen, dass das innere Kind kein verbitterter Greis wird.

Kinder sind toll.

Vor allen Dingen, weil man ja irgendwann selbst mal eins war.

Oder im besten Fall noch ist. Zumindest ab und zu. Ein bisschen.

# GENDERN VERSCHANDELT UNSERE SCHÖNE SPRACHE!

PULS: 230. JETZT. Nee, noch viel mehr. Vierstellig.

Wie unnötig ist dieser Glottisschlag, diese kleine Kunstpause, bitte schön? Die schöne deutsche Sprache, die Literatur und damit auch Grundlage unserer Kultur, wird gerade kaputt gemacht! Man will uns dazu zwingen, diesen Genderquatsch mitzumachen, das ist übergriffig und gefährlich!

Diese woken Leute wollen, dass alle gesehen werden. Diversität hin oder her – es gibt nur 0,2 % der Bevölkerung, für die überhaupt gegendert wird. Irgendwelche Trans-Menschen.

Und dafür wird unsere schöne deutsche Sprache ruiniert.

In der gesprochenen Sprache zu gendern ist Unsinn, in der geschriebenen Sprache zu gendern ist vollkommen idiotisch! Wozu soll das gut sein, Goethes Faust zu gendern?

„Ein jeder lernt nur, was er lernen kann; // Doch der den Augenblick ergreift, // Das ist der rechte Mann." – Vers 2017 ff. / Mephistopheles

Soll das so aussehen?

„Ein*e jede*r lernt nur, was er/sie/es lernen kann; //Doch der/die den Augenblick ergreift, // Das ist der/die rechte Mann/Frau/divers." – Vers 2017 ff. /Mephistopheles

Und was ist mit Ballermannmusik?

„10 nackte Friseure/Friseusen/divers!"?

Gendern ist wirklich unnötig. Braucht niemand. Gendern ist der Presslufthammer, der unser Kulturgut, die Sprache ruiniert. Mit jedem einzelnen Glottisschlag.

**DAS MUSS AUFHÖREN!**

# WOLLEN WIR UNSERE **SPRACHE** GENAUSO LASSEN, WIE SIE IST?

DIE SPRACHVERMISCHUNG AB dem Dreißigjährigen Krieg hat einige Leute sehr wütend gemacht. So um 1650 schrieb ein sehr aufgebrachter Dichter:

*„Solche Sprachverkätzerung istanzeigung genug der Vntrew, die du deinem Vaterlande erweisest; deine ehrlichen Vorfahren sind keine solche Mischmäscher gewesen, wie ihr jetzt mit einander seit."*

Für den wütenden Dichter und die Menschen, die ihm zustimmten, sollte die Sprache, die Walter von der Vogelweide in seinem Gedicht „Preis des deutschen Landes" nutzte, für immer gelten. Am liebsten bis heute. – Wann hat er es geschrieben? Im Jahr 1200?

*Ich han lande vil gesehen,*

*unde nam der besten gerne war:*

*übel müeze mir geschehen,*

*künde ich ie mîn herze bringen dar,*

*daz im wol gevallen*

*wolde fremeder site.*

*nu waz hulfe mich ob ich unrehte strite?*

*tiuschiu zuht gât vor in allen.*

Nun. Fürdann gelte das âventur der Worte nicht. Denn nicht mal die freie Abwandlung des Lutherdeutsch, die gern auf Mittelaltermärkten gesprochen wird, wäre genehm. Zu modern.

*„Ihr aber, die ihr rechtschaffend seid, sollt aufs Herzlichste geladen sein, euch umzutun. Seht, was euch wohlfeilgeboten wird, lauschet den fremdartigen Klängen und knausert auch nicht mit dem einen oder anderen Taler, so euch der Gegenwert recht erscheint. Schmauset und saufet, bis euch Wänste und Mieder bersten."*

Sprache entwickelt sich, passt sich an, das war schon immer so.

Gendern ist einfach ein Stück Kultur, es drückt Diversität in Sprache aus. Meine Meinung: Das kann man gern mal üben. Warum denn nicht? Genauso kann man üben, alle Menschen zu sehen. Oder?

Was auf jeden Fall auffällt: Es gibt größtenteils nur Gegner der gendergerechten Sprache. Kaum Gegnerinnen. Kaum GegnerInnen. Kaum Gegner*innen.

# IN PFÜTZEN TRETEN:
## BLÖD UND LÄSTIG.

GEHEN GEHT SO: Links, rechts, links, rechts, links, oh, guck mal, ein Eichhörnchen! Platsch.

Einmal nicht aufgepasst, steckt der Fuß knöcheltief in einer kalten Pfütze. Von so einem Fehltritt hat man echt lange was, manchmal sogar einen ganzen Tag. Zumindest so lange, bis man irgendwo einen trockenen Schuh, eine neue Socke oder zumindest eine Heizung findet.

Bis dahin quillt einem mit jedem Schritt etwas Pfützensuppe aus dem Schuh, es ist kalt und unangenehm.

Wenn es richtig doof läuft, kann man sich erkälten. Oder noch schlimmer, wenn es tiefer Winter bei eisigen Temperaturen ist und man in der Arktis in eine Pfütze latscht und weitergeht, ohne dass man sich einen neuen Schuh besorgen kann. Dann kann einem schon mal ein Zeh abfrieren, der einem mit einem stumpfen Beil abgehackt werden muss. Von einem Trapper, der nur noch einen Zahn hat und der aussieht wie so ein Dosenöffner.

Geht also im Zweifel bis zur Amputation, so ein unbedachter Fehltritt in eine Pfütze.

Noch schlimmer: Wenn die Amputation mit dem stumpfen Beil nicht sauber durchgeführt wird, kann es zu einer Blutvergiftung kommen.

**DAS IST DANN RICHTIG DOOF. ALLES WEGEN EINER PFÜTZE.**

# IN PFÜTZEN TRETEN:
## EIN GUTES TRAINING.

LEBEN GEHT SO: Greifen lernen, laufen lernen, schreiben lernen, arbeiten, Feierabend, Überstunden, zwischendurch Weihnachten feiern und immer mal wieder in Fettnäpfchen treten.

Und zwar so richtig. Mit Anlauf. Wie eine spontane Arschbombe in eine Friteuse.

Fettnäpfchen kommen immer sehr unerwartet, plötzlich liegen sie vor einem, manchmal so groß wie ein Sudfass. Man springt hinein, das Schamgefühl ist kalt, nass und unangenehm.

Ein Fettnäpfchen kann ein unbedachter Satz zur falschen Zeit sein. („Ach, du bist gar nicht schwanger?" ist wohl der ungeschlagene Fettnäpfchen-Schlager.) Man muss ständig aufpassen, nicht in eins reinzutreten. Dieses ständige Aufpassen hält wach.

**FETTNÄPFCHEN SIND PFÜTZEN DES LEBENS.**

# RENTNERAUTO.

WENN MAN IM Internet nach einem günstigen Auto, einem Golf oder einem Opel Astra mit nicht so vielen Kilometern auf dem Buckel sucht, werden die einem gern als „Rentnerauto" angeboten.

Man weiß genau, was man dann bekommt: Parkrempler, tiefe Kratzer an der Stoßstange von der Garagenwand, Felgen mit Einkerbungen, einen vollkommen unterforderten Motor, weil der Wagen in den 14 Jahren, die er alt ist, im Durchschnitt nie häufiger als zwei Mal im Monat bewegt wurde. Nämlich zum Friedhof und zum Friseur.

Auf der Rückbank hat noch nie jemand gesessen, der Innenraum riecht nach Franzbranntweinessig, Duftbaum und Mon Chérie.

Der Motor ist noch nie Vollgas gelaufen, wenn man das Gaspedal auch nur ein einziges Mal durchtritt, zerfällt er in alle Einzelteile.

Ein „Rentnerauto" ist ähnlich durchgelutscht und fertig wie ein „Scheunenfund". Auch so ein positiv besetzter Begriff für einen Rosthaufen, in dem Mäuse leben.

**IST ALT, KANN WEG.**

# KFZ MIT **PENSIONÄRSANMUTUNG.**

WENN MAN IM Netz richtig Glück hat, findet man, wenn man ein günstiges Auto sucht, einen Golf oder einen Opel Astra mit „Pensionär-Anmutung".

So eine Perle ist taschentuchgepflegt, der einzige Kratzer stammt von einem Einkaufswagen, der im März 1998 mit 0,2 km/h gegen die Stoßstange gerollt ist.

Die Stoßstange wurde ausgetauscht, ist alles dokumentiert und notariell beglaubigt. Der Wagen wurde selbstverständlich stets warm- und wieder kaltgefahren, alle Flüssigkeiten wurden mindestens 1000 Kilometer, bevor sie hätten getauscht werden müssen, ausgetauscht.

Auf der Rückbank hat noch nie jemand gesessen, der Innenraum duftet nach Wochenendausflügen im Spätsommer und selbstverständlich nach Neuwagen. Das Armaturenbrett ist staub- und rissfrei, einen Winter auf der Straße hat der Wagen nie erlebt. Im Regen ist er nur ein einziges Mal gefahren worden.

Selbstverständlich ist der Wagen scheckheftgepflegt.

**EINE WERTANLAGE!**

## MENSCHEN, DIE IN DER **GEHWEG-MITTE** GEHEN, SIND EINFACH NUR NERVIG.

IRGENDWO IN DER Evolution zwischen Lungenfisch und Gibbon-Affe hat die Natur ein sehr unangenehmes Verhalten ins Erbgut geschummelt. Deshalb gehen irgendwelche Sabines, Günters, Torstens, Erkans und Jennifers immer genau in der Mitte eines Weges. Sie gehen raumgreifend, links und rechts neben sich lassen sie maximal vier Zentimeter Platz, sodass man sie genau nicht überholen kann.

Sie repräsentieren die zähe, bürgerliche Mitte, sie schleichen und mäandern. „Ich bin hier nicht auf der Flucht, Freundchen!" Es sind langsame Mittelspurfahrer*innen, die sich ungefähr so verhalten wie eine Verstopfung im Darm.

Der Gallsaft brodelt. Man möchte diese lahmen Klumpen gern wegblinken. Oder weghupen. Oder ihnen mit einer Kettensäge in die Beine ... gut, lassen wir das.

# MENSCHEN, DIE IN DER **GEHWEG-MITTE** GEHEN, BRINGEN EINEM FLEXIBILITÄT UND RESILIENZ BEI.

OHNE GEHWEGVERSTOPFER*INNEN GÄBE es dieses gelassene Durchatmen nicht und auch nicht die Achtsamkeit für einen anderen Menschen. Und dann ist da noch der kleine Elvis-Presley-Gedächtnis-Tänzelschritt zur Seite. Diese kleinen Dinge, die einem zeigen, dass man doch eigentlich ganz gut mit unangenehmen Situationen umgehen kann.

Diese Trödler*innen können einem diesen sonderbaren Mikrostolz geben, den man nur deshalb empfinden kann, weil man ein Hindernis ziemlich lange ausgehalten hat. Mikrostolz: Ein schillerndes Gefühl, das in dem grauen und tristen Matsch aus Empfindungen glänzen kann.

Außerdem kann man erleichtert sein und ein gutes Gewissen haben, weil man seinen Gefühlen eben nicht freien Lauf gelassen hat.

Ist auch viel besser für die persönliche Strafakte.

# BÖLLER. MÖCHTEGERNDYNAMIT FÜR DOOFIES?

**WIE DUMM, WIE** unfassbar dumm ist Böllern?

Geht schon im Supermarkt los, wo die Leute aggressiv nach Böllerpaketen suchen und sie sich unter den Arm klemmen. Sie fahren ins Ausland, um sich dort mit Böllern einzudecken. Sie rennen mit ihren scheiß Böllern nach Hause und können es kaum erwarten, bis sie die Kackdinger anzünden können, damit sie sich mal kurz wie Opa damals an der Ostfront fühlen können. Es ist das Spiel mit der Angst, der Reiz des Risikos. Na? Alle Finger noch dran?

Die Unterbelichteten werfen die Teile überall hin. In Gebüsche (Scheiß auf die Nagetiere, die sich da verstecken), in Gullys (Scheiß auf Frösche), auf Seen (Scheiß auf Enten oder Fische) in Richtung Menschen (Scheiß auf Menschen).

Dem Böllerpöbel ist alles egal, sie wollen nur mal LAUT sein.

Besonders dünn angerührte Idioten bauen sich aus handelsüblichen Böllern extra große Dynamitböller mit der Sprengkraft von TNT.

Dass Finger, Hände oder Unterarme weggefetzt werden: egal.

Im Internet mit Menschen über Böller diskutieren ist die Königsdisziplin der Zeitverschwendung. Außer Wut entsteht da nichts.

Wenn man das Böllerverhalten hochrechnet, kann man nur froh sein, dass es in Deutschland relativ schwierig ist, an Waffen zu kommen. (Es sei denn, man ist Reichsbürger und arbeitet bei der Bundeswehr, aber das ist ein anderes Thema.)

# BÖLLER. PSYCHOLOGISCH WERTVOLLE EFFEKTDÜBEL.

ES GEHT EIGENTLICH nur um die Selbstwirksamkeit. Das Ergebnis einer Handlung ist sofort erlebbar. Tschak – Taschak (das ist das Feuerzeug), brzzzzzzzzzz (das ist die Lunte), BOOOOM.

Sinnvollere Handlungen mit einer viel besseren Selbstwirksamkeit sind:

Brot backen. Bügeln. Müll trennen. Keller aufräumen. Türrahmen abschleifen/grundieren/lackieren. Jemandem ein Kompliment machen. Auto aussaugen. Fugen reinigen. Mails löschen. 10 Kilometer joggen. Heizung entlüften. Sich selbst 300 Backpfeifen geben. Staub saugen. Nachbarn fragen, ob man was vom Supermarkt mitbringen soll. Marmelade kochen. Ein Kartenspiel sortieren. Sehr laut rülpsen. Ein Loch bohren. Hinter dem Herd wischen. 50 Liegestütze machen.

**DIESE SEITE UMBLÄTTERN.**

# IM INTERNET DISKUTIEREN.
## VOLLKOMMEN SINNLOS.

WIE VIELE DISKUSSIONEN ich im Internet schon geführt habe. Ich habe mich mit irgendwelchen Volkers und Sabines gestritten. Habe mit Accounts, die ein Motorrad oder eine durchgestrichene Spritze als Profilbild haben, über politische Entscheidungen diskutiert. Oder über Böller. Ernsthaft.

Ich fürchte, dass es sinnvoller ist, sich mit einem kleinen Hämmerchen die Schneidezähne einzuschlagen, als mit diesen Leuten zu diskutieren. Es ist wahrscheinlicher, Algen dazu zu bringen, die Steuererklärung fertig zu machen, als mit diesen Leuten vernünftig zu reden.

Wenn ich auf dem Sterbebett liege und mir bewusst wird, dass ich in der Zeit viel bessere Sachen hätte anstellen können. Wie viel Lebenszeit bei diesen sinnlosen Diskussionen schon draufgegangen ist. Wahnsinn.

Das passiert übrigens auch, weil viele große Medienunternehmen ihre Kommentarspalten nicht moderieren, sondern nur die Reichweite abgreifen, um Zahlen zu generieren, die den Werbetreibenden unter die Nase gehalten wird.

Hass und Dummheit werden zu Reichweite und Geld. Damit Menschen Dinge kaufen, über die sie im Internet diskutieren können.

**ES IST DAS PERPETUUM MOBILE DER SCHLECHTEN LAUNE.**

# IM INTERNET DISKUTIEREN.
## VIELLEICHT JA DOCH SINNVOLL.

ES GIBT MANCHMAL sehr gute Diskussionen. Ich persönlich bekomme gutes Feedback. Nicht im Sinne von Applaus, sondern Dinge zum Nachdenken, etwas, das das Denken kalibriert und eventuell ein Vorurteil oder eine schlechte Meinung korrigiert.

Wenn in den Diskussionen (die nicht immer nur angenehm sind) etwas gelernt oder zumindest eingesehen wird, wenn Bewegung da ist, ist das Internet ein wunderbarer Ort zum Diskutieren.

**DOCH, WIRKLICH.**

MIT DIR KANN MAN NICHT DISKUTIEREN!

# ALLE **KRIEGSGRÜNDE** SIND IMMER GENAU BEKANNT.

SEIT ES MENSCHEN gibt, gibt es Kriege.

Herrscher wollen ihre Grenzen erweitern, sie wollen Gold, Öl, Wasser oder Gas.

Eitelkeiten, Machtidiotie, Größenwahn, gekränkte Egos, kleine Pieschmänner, psychische Störungen, Rache und so weiter. Die Gründe sind mannigfaltig. (In dem Wort steckt das Wort „Mann"– auch so ein Thema.)

Kriegstreiber*innen wollen manchmal einfach nur noch auslöschen. Erbärmlich.

Das Schlimmste ist der totale Krieg. Wenn der ausgerufen wird, ist alles zu spät.

Neueste Waffen, künstliche Intelligenzen, satellitengesteuerte Drohnen, Bomben, Heeresflotten, Raketen, Abwehrschirme, es wird alles aufgeboten, was es gibt.

Es wird weiter und weiter entwickelt. Es gibt ganze Rüstungsindustrien, deren Aktien gerade in letzter Zeit extrem gestiegen sind.

Und warum? In den allermeisten Fällen sind es Männer, die verantwortlich sind. Männer mit sehr fragilen Egos und manchmal sehr kranken Gehirnen.

# EIN **KRIEGSGRUND,** DEN NIEMAND KENNT: MAULWÜRFE.

ZU HAUSE BEI sehr friedlichen Menschen, die, wenn sie eine Fliege sehen, sie mit warmen Worten herausbitten, um sie nicht zu verletzen. Sie sitzen morgens beim Frühstück, trinken gerade einen Kaffee, dann gucken sie in ihren Garten.

Da! Ein Hügel! Frisch aufgeworfene Erde! KANN NICHT SEIN! Die Transformation vom friedliebenden Homo sapiens zum blutrünstigen Kriegstreiber beginnt mit der Lippe an der Kaffeetasse. „O. k. Reicht jetzt."

Kurze Zeit später kommen neueste Waffen zum Einsatz. Maulwurfhügel werden zertreten, Gänge geflutet, Elektroschocker eingesetzt. Die Viecher werden ausgeräuchert oder mit Störgeräuschen in den Wahnsinn getrieben. Die Kriegstreiber wollen jetzt einfach nur noch auslöschen. Sie erklären dem Maulwurf den totalen Krieg und rüsten mit Maulwurfschussanlagen auf. Klare Gedanken? Fehlanzeige. Beim Aufwachen, beim Einschlafen, beim Essen, im Job, in der Freizeit, immer geht es um den Maulwurf, der den schönen Rasen kaputt buddelt.

Mal so gesehen: Maulwürfen sind Grenzen egal. Das ist etwas, was sich die Menschen vom Maulwurf vielleicht mal abgucken sollten.

# CHARTMUSIK. EINFACH NUR SCHLECHT.

FÜR DIE MUSIK, die aus Chartplatzierungsgründen im Radio läuft, habe ich keine guten Gefühle. Dudelmainstream ist gemacht für Leute, denen Musik komplett egal ist. (Andere Leute mögen keinen Freejazz. Bei Metal reißen die Zehennägel ein und bei Country, Elektro oder Punk-Rock kommt ihnen vielleicht die Suppe wieder hoch.)

Ich entwickle sehr dunkle Gefühle für die Leute, die diese Musik machen und produzieren. Oder sie auf die Bühne und ins Radio bringen. Ich verachte alles daran. Die Ohrwurmkompatibilität, die Einfachheit, die Texte, die Refrains, die Instrumentierung, Autotune-Effekte, die Bandnamen, die Marktforschungsergebnisorientierung, alles, alles, alles.

Man sagt es sehr selten, aber hier ist wirklich alles schlecht. Durchfall für die Ohren. Ich frage mich oft: „Äh – da sitzen doch Produzenten im Studio, die müssen doch sagen: „Jaaaaaa! Das klingt richtig geil", was für mich absolut unplausibel klingt.

Es kann doch beim besten Willen nicht angehen, dass diese Musik auch noch erfolgreich ist, weil sie hoch und runter gedudelt wird.

Schlimmer ist nur Ballermann-Musik. Oder eine zertrümmerte Kniescheibe.

Chartmusik ist eigentlich für Tauben. Wenn die Viecher gehen und den Kopf so blöde vor- und zurückbewegen, sehen sie aus, als hörten sie den Nummer-1-Hit.

# CHARTMUSIK. EVENTUELL VIELLEICHT DOCH GANZ GUT.

DASS SIE EINEN wichtigen Teil in der kulturell-gesellschaftlichen Entwicklung der Menschen spielt, ist unbestritten, Menschen hören Chartmusik, weil sie einfach und eingängig ist. Man kann sich sehr gut darauf verständigen, sie bringt Menschen zusammen, man kann sie gut zwischen zwei Staumeldungen bringen.

Vielleicht ist es nicht ganz dumm, sich mal der Vorurteile zu entledigen und ein bisschen mitzunicken. Erst mal nur so aus Quatsch – fällt ja nicht auf. Kann gut sein, dass es vielen so geht. Ironisch mithören. Raus aus der Komfortzone, mal über den Tellerrand hinaushören und mal gucken, was daraus wird. Vielleicht ja ein Song für die Kategorie „guilty pleasure"?

Wenn all das nicht klappt, erfüllt Chartmusik immer noch mindestens einen sehr guten Zweck: Sie dient als Abgrenzungsbeispiel des eigenen Musikgeschmacks. Im Sinne von „Bis hierhin und nicht weiter".

Das wäre fast schon ein Titel für einen Nummer-1-Hit.

Helene Fischer, übernehmen Sie.

„TODAY IS THE first day of the rest of your life."

Man muss schon in einer guten Verfassung sein, um diesen Satz nicht als vollständige Bedrohung wahrzunehmen. Was, wenn man an diesem Tag eine unschöne Diagnose vom Arzt bekommen hat? Oder wenn man wegen Eigenbedarf aus der Wohnung geklagt wurde? Was als Motivationsmaßnahme für Leute, die ihr Leben mit Frühsport-angeboten und Vital-Müsli ändern wollen, gemeint war, ist nichts als ein scharfkantiger Zynismus.

„Ach, übrigens: Deine Tage sind gezählt. Besser wird es nicht mehr. Merkst du das Zwicken im Bein und das Stechen in der Brust? Kannst ja gern versuchen, noch irgendwas rumzureißen, aber wir von der Kalenderblattvereinigung fürchten: Vergiss es, wird eh nix. Such dir schon mal einen schönen Platz auf dem Friedhof, wobei wir Kalenderblatthersteller bezweifeln, dass dir das gelingen wird. Du elendiger Verlierer!"

Viele Kalendersprüche bauen unnötigen Druck auf, am schlimmsten sind Tageskalender. Wenn man morgens in die Küche kommt, missmutig seinen Kaffee schlürfen will und einen ein „Fehlversuche sind nur dornige Chancen" oder „Hinfallen. Aufstehen. Krönchen richten. Weitertanzen" anspringt, ist der Tag gelaufen, bevor er richtig angefangen hat.

Oder der hier: „Am Ende ist alles gut. Und wenn es nicht gut ist, ist es nicht das Ende."

Das bedeutet ja, wenn man in einer sehr beschissenen Situation steckt, eigentlich nur: „Tja-haaaaa. Das wird jetzt noch eine Weile so weitergehen. Musst du wohl noch ein bisschen leiden, du Kröte! Mal sehen, wer länger durchhält: Du oder die miese Situation?"

Im Zweifel versucht man tatsächlich irgendwie die Motivation mitzunehmen und rennt die ganze Zeit hinter dem Anspruch her wie so eine Katze, die einen Laserpointer jagt. Ist nicht zu schaffen.

**IRGENDWANN GIBT MAN AUF.**

# KALENDERSPRÜCHE KÖNNEN DAS LEBEN BESSER MACHEN.

MANCHMAL, IN EINER wackeligen Krisenphase des eigenen Lebens, ist es tatsächlich nicht schlecht, wenn man etwas hat, woran man sich festhalten kann.

Das kann dann tatsächlich auch mal ein Kalenderspruch sein.

Allerdings eher so was wie:

„Hey! Heute Abend kannst du wieder schön auf dem Sofa abgammeln."

„Egal. Dieser Tag hat auch nur 24 Stunden."

„Mach es wie die Eintagsfliege: Verschiebe Unangenehmes auf übermorgen."

„Weißt du noch, was du vor 133 Tagen gemacht hast? Eben. Man vergisst – und das ist echt gut."

„Die Wahrscheinlichkeit, heute auf einer Bananenschale auszurutschen und dir beide Handgelenke zu brechen, ist zwar da, aber sie ist echt gering."

## ALTEN MENSCHEN EINEN PLATZ ANBIETEN? NIEMALS!

BLOSS NICHT! WIE viele 49-jährige Menschen sind traurig und verletzt, weil ihnen im Bus ein Sitzplatz angeboten wurde? Von einem anderen erwachsenen Menschen! Wahrscheinlich noch von einer Hochschwangeren oder einer 120 Jahre alten Frau. Wenn das passiert, hängen die Gefühle noch tiefer als die Tränensäcke, das Empfinden ist vergifteter als die zersoffene Leber.

Das ist wie plötzlich gesiezt werden, aber ca. 1000-mal schlimmer. Nur weil man ein paar Furchen im Gesicht hat und graue Haare. Oder einen dünnen Haarkranz. 1000-mal schlimmer? 100.000-mal. Von so einem Erlebnis wird man schlecht träumen und oft raus müssen, weil die Blase nicht mehr so gut ist.

Ist man jetzt selbst der taumelnde Rentner im Gang? Eben noch auf dem Skateboard und danach in der Bar, jetzt am Stock und mit Hörrohr? Was für ein Bild haben die Leute von einem? Nur, weil die Knochen bei jeder Bewegung knacken, weil die Haut im Wind flattert und weil der Atem staubt?

Vielleicht hat man ja am Tag vorher nur ein bisschen gefeiert oder schlecht geschlafen. Wenn einem ein Platz angeboten wird, fühlt man sich schlagartig wie das Gnu, das bald von der Herde ausgestoßen wird.

# ALTEN MENSCHEN EINEN PLATZ ANBIETEN? NA LOGO!

DAS SKELETT RUMPELT und knackt nur noch, da geht nicht mehr viel. Stehen ist schwer möglich. Durchblutung schlecht, Augen auch nicht mehr so gut.

Selbstverständlich bietet man diesen kaputten Körpern seinen Sitzplatz an.

Auch wenn man selbst an Lebensjahren älter sein sollte, aber der Zustand des anderen Menschen ist einfach erbärmlich.

Stichwort „gefühltes Alter". Wenn man jemanden sieht, dessen Alter sich nach 280 anfühlt, steht man natürlich auf. So einfach ist das.

Es gibt kaum Dinge, die einen Tag so einfach nett sein lassen wie diese kleine Geste.

# „ICH WÜNSCH DIR WAS!!!"
## NEE, LIEBER NICHT.

KENNT MAN JA vielleicht, die Leute, die einem „Ich wünsch dir was" sagen.

Ja, was denn?

Das ist sicherlich nett gemeint, aber dieses *„was"* kann ja theoretisch alles sein.

Zum Beispiel: „Ich wünsch dir, dass sich deine Kniescheiben in Frikadellen verwandeln."

Oder „Ich wünsch dir, dass dir beim Pistazienöffnen die Fingernägel ausfallen." Oder „Ich wünsch dir, dass du ab sofort nach Gully riechst." Oder „Ich wünsch dir, dass du einen neuen Nachbarn bekommst – einen Didgeridoo-Spieler, der in seiner Freizeit mit einem Bohrhammer Löcher bohrt, während er Stepptanzübungen macht." Oder „Ich wünsch dir, dass deine Nase sich um 180 ° dreht und es bei dir reinregnet." Oder „Ich wünsch dir, dass jedes Essen, das du dir ansiehst, auf der Stelle schlecht wird". Oder „Ich wünsch dir jede Allergie, die ein Mensch haben kann – dazu noch eine Allergie gegen Allergien." Oder „Ich wünsch dir, dass alle deine Träume wahr werden und dass als erstes die Albträume kommen."

Oder, oder, oder.

Dieses undefinierte „was" ist einfach nur ein Ozean voller Denkmöglichkeiten.

# „ICH WÜNSCH DIR WAS!!!"
## JA GERN!

MEISTENS WIRD DIESER Wunsch mit einem leichten Kopfnicken bestärkt. Im Sinne von: „Du weißt schon: Ich wünsch dir viel Erfolg und Glück. Und wenn es geht, einen Sechser im Lotto. Hau rein, du guter Mensch!"

Ein offenes „was", das viel Interpretationsspielraum hat und dadurch motivierend wirkt.

Wenn man den Wunsch von zum Beispiel einem Arbeitskollegen Günther an einem Freitagnachmittag bekommen hat, kann es gut sein, dass einen dieses „was" durch das ganze Wochenende trägt. Spielt man in der Freizeit Fußball, ist es möglich, dass man dadurch besonders motiviert ist und gut spielt. Oder besonders gut Bratkartoffeln brät. Oder besonders gut Türrahmen abschleift. *„Was"* motiviert.

Man kann Günther am Montag begegnen und wenn er fragt: „Na, wie war dein Wochenende?", kann man stolz verkünden, dass man die Flanke zum 3:0 gegeben hat oder dass die Türrahmen glatt wie ein Babypopo und die Bratkartoffeln knusprig wie die von Oma waren.

Durch das undefinierte, offene „was" kann man Menschen überraschen.

Am meisten sich selbst.

**ODER WAS?**

FLOSKELN DARF MAN AUCH NICHT ALLE UEBER EINEN KAMM SCHEREN.

# DEN **SCHORNSTEINFEGER BERÜHREN:** GUT FÜR ALLE.

STÄNDIG WIRD ER angefasst. Andauernd wird einem die Hand geschüttelt. Menschen saugen dem Schornsteinfeger das Glück ab wie ihrem Cappuccino den Milchschaum.

Sluuuuuurrrrrp.

Dass der Schornsteinfeger Glück bringt, hat eine lange Geschichte. Der Mann in Schwarz reinigt die Kamine und verhindert Hausbrände und Vergiftungen. Der Kamin und der Schornstein waren den Menschen immer schon suspekt. Kam doch immerhin auch der Weihnachtsmann dadurch.

Wegen einer jahrhundertealten Tradition wird der Schornsteinfeger ständig angegrabbelt. Noch schlimmer, wenn es eine Schornsteinfegerin ist!

Wie viel Zeit das allein braucht. „Darf ich Sie mal eben anfassen?" Das ist eine Frage, die in einem anderen Kontext backpfeifenreif ist. Der Schornsteinfeger muss immer gut drauf sein und immer was von seinem Glück abgeben.

Was, wenn man dem Schornsteinfeger so viel Glück absaugt, dass er selbst ein mittlerweile sehr unglücklicher Mensch ist?

Vielleicht hat die Katze Asthma, vielleicht wellt sich die Tapete im Wohnzimmer, vielleicht verlangt das Finanzamt eine heftige Steuernachzahlung.

Das interessiert die Menschen aber nicht. Sie wollen nur selbst Glück haben.

**ICH! ICH! ICH!**

# DEN **SCHORNSTEINFEGER** **BERÜHREN:** EGOISTISCH!

„OH, MEIN LIEBLINGSSCHORNSTEINFEGER! Darf ich Ihnen mal auf die Schulter klopfen?"

„Na klar."

„Danke!"

„Schönen Tag – und viel Glück!"

„Ihnen auch."

So geht das in den allermeisten Fällen. Diese kleine Berührung dauert nicht lang und macht viele Menschen glücklich. Für einige ist das der beste Moment des Tages – darf man auch nicht vergessen.

# STATUEN ANGRABBELNDE MÄNNER: WIDERLICH.

„SOLL JA GLÜCK bringen, hähä."

„Ganz geile Dinger!"

„Scheiße, dass die nicht echt sind!"

„Wo sind denn die Nippel?"

„Wie Barbie, nur in groß!"

„Die würde ich auch gern mal ..."

Schon mal die berühmte Julia von Romeo und Julia in Verona gesehen? Die Brüste glänzen, weil 99,9 % aller Touristen die Hand auf die Brust legen müssen. Zwanghaft, getrieben von archaischer Männlichkeit. Es ist ein Wunder, dass viele der notgeilen Säcke die Statue nicht vom Sockel reißen und sie an den Haaren bis zur Feuerstelle hinter sich herschleifen.

Die Julia ist nur ein kleines Beispiel von vielen. Steht irgendwo in der Öffentlichkeit eine weibliche Bronzestatue, sind die Intimbereiche innerhalb kürzester Zeit glänzend gegrabbelt. Weil die alten Säcke sich nicht beherrschen können und ihre sexuelle Fixierung an einem Metallobjekt ausleben müssen.

Das ist nicht nur ein bisschen ekelig, das ist echt pervers. Reißen diese übergriffigen Berührungen doch vielleicht die Hemmschwelle zu einer Grabbelberührung bei einer echten Frau ein.

**REISST EUCH MAL ZUSAMMEN!**

# STATUEN ANGRABBELNDE MÄNNER: NICHT SCHLIMM.

EVENTUELL IST ES nicht ganz so widerlich, eine Bronze-statue zu berühren. Ist ja nur nacktes Metall, das nichts spürt. Wie ein Kotflügel oder ein Laternenmast. Vielleicht löst der beherzte Griff an kaltes, formschönes Metall ja eine sexuelle Anspannung? Wäre ja eigentlich nicht so schlecht. Für einige Männer ist dies die erste sexuelle Erfahrung, da ist doch eine Bronzestatue zum Üben gar nicht verkehrt. Auf jeden Fall besser, als wie so ein grobschlächtiger Steinzeitmensch eine echte Frau zu berühren.

Bestenfalls ist neben jeder Statue ein sehr großes Schild angebracht, auf dem in riesengroßen Lettern steht, dass man Frauen respektieren und nicht als Objekt behandeln soll, um seine sexuellen Bedürfnisse zu befriedigen.

Ein tatsächlicher Vorteil für die Bronzestatuen: Durch die fettenden Handinnenflächen werden sie dauernd gereinigt und glänzen immer schön.

# NACHGESCHMACK IST EINFACH NUR ABSCHEULICH.

SELLERIE IST HEFTIG. Knoblauch sowieso. Richtig schlimm ist irgend so ein Knoblauch-Dip, den man im Restaurant serviert bekommt. Oder die Kombination aus Red Bull, BiFi und kniescheibengroßen Fertigfrikadellen. Chips sind auch heftig.

Warum gibt es eigentlich noch keine Chips mit der Geschmackssorte „Nachgeschmack"?

Eine Freundin hat mir erzählt, dass sie mal mit einem Kumpel im Kino war und zu ihm meinte: „Krass, hier hat einer was von Mc Donald's dabei."

Er sagte: „Nee, sorry, das war ich. Ich hab gerülpst." So was ist natürlich die Königsdisziplin des Nachgeschmacks: Mit dem eigenen Nachgeschmack ein ganzes Fast-Food-Restaurant imitieren, muss man auch erst mal hinbekommen.

Nachgeschmack kann einen in sehr unangenehme Situationen manövrieren, vor allen Dingen stört Nachgeschmack den Neugeschmack. Die mundinterne Zwiebelfahne kollidiert mit dem schönen Pfirsich.

DAS IST ALLES NICHT SCHÖN.

# **NACHGESCHMACK** VERLÄNGERT DAS WUNDERBARE MUNDGEFÜHL.

DER NACHGESCHMACK IST eine lang anhaltende, dreidimensionale Erinnerung an das leckere Essen, das man hatte. So muss man das mal sehen. Jedes „Hallo, ich bin noch da" von der Thunfischpizza mit den vielen roten Zwiebeln ist ein kleiner Gruß aus der Küche – und ein sehr guter Grund zur Freude. Die Pizza war doch gut!

Selten werden einem Gefühle so sehr zurück in die Erinnerung gerufen. Ein Kuss kommt nie wieder. Eine schnell gefahrene Kurve ist vorbei. Nachgeschmack ist eher wie ein Song, den man immer und immer wieder hören kann.

Wenn Magen und Speiseröhre wieder rein sind, kann jederzeit nachgelegt werden.

**EAT. RÜLPS. REPEAT.**

# MÄNNER MIT GROSSEN AUTOS HABEN EINEN KLEINEN PENIS.

EGAL, OB PORSCHE, Ferrari, AMG Mercedes, Lamborghini oder Bentley. Die Typen darin haben alle ein sehr fragiles Ego, ein ausgeprägtes Bedürfnis, ihre Privilegien zu zeigen, ein kumpelhaftes Verhältnis zum Tankstellenpächter, eine Scheißegal-Haltung zur Umwelt und einen sehr kleinen Penis. So klein, dass er nicht mal baumeln kann. Für das, was dieser kleine Muskel macht, muss ein Wort erfunden werden. Er flumpert. Er zwutschelt. Er zipfelt. Er ist zu klein, um in eine Richtung zu zeigen, er steht in der Hose wie ein kleiner Eimer in der Sandkiste. Also ein kleiner abgeschubberter Backebackekuchen-Eimer. Das Schlimme: Die Typen, die an diesem Schwänzlein hängen, denken ihn sich groß und nennen ihn „Gemächt" oder „bestes Stück". Es ist aber nur ein Zipfel, das Endstück einer Mettwurst. Kann weg.

Wahrhaben wollen sie es selbstverständlich nicht, sie wissen aber, dass er miniklein ist. Weil sie schon mit anderen Jungs in der Umkleidekabine gestanden oder neben anderen Männern am Pissoir gestanden haben. Sie haben einen Vergleich und kompensieren mit zwei Tonnen Material. Carbon, Stahl, Flüssigkeiten, Kolben, Pleuelstangen, Drehmoment, Sound, richtig fette Reifen.

Sie sitzen in den gut riechenden Ledersitzen, die behaglich wie ein Uterus und gern dunkelrot oder braun sind – und die Typen aussehen lassen, als säßen sie zwischen Schamlippen. Die Kopfstütze ist die Klitoris. Wenn sie Gas geben, knallt der Kopf durch die Kraft der Beschleunigung an die Kopfstütze und die Männer lächeln ihr Mikropenislächeln.

Vrooooooooaaaaaar. Haha. Vrooooooooaaaaaar. Haha. Vrooooooooaaaaaar. Haha.

KANN MAN AN AMPELN IN INNENSTÄDTEN GUT BEOBACHTEN.

# **MÄNNER** MIT GROSSEN **AUTOS** HABEN EIN GROSSES AUTO.

NA, NA, NA, nicht so viel Klischee.

Männer mit großen Autos haben vielleicht einfach nur einen großen Stellplatz. Ein großes Bankkonto. Ein großes Bedürfnis nach Sicherheit und Freiheit und einen großen Spieltrieb. Einige Menschen erfüllen sich den Traum einer Weltreise, andere kaufen sich ein Pferd oder leisten sich einen Kaminofen. Vielleicht erfüllen sie sich auch einfach nur einen Kindheitstraum. Wäre das so verwerflich?

Oder hat die Gesellschaft eventuell ein kleines Problem mit Männern, die ihre Liebe zum Automobil sehr offenherzig zeigen?

Eine andere, wichtige Frage ist:

Was ist eigentlich mit Frauen, die große Autos fahren? Sie müssten doch nach dieser typischen Klischeebetrachtung besonders lange Schamlippen haben, oder?

# EIN **FLECK AUF DEM T-SHIRT**
## UND DER TAG IST GELAUFEN.

GERN TRÖPFELT MAN sich morgens einen gut sichtbaren Fleck aufs T-Shirt. Gerade an Tagen, die irgendwie wichtig sind. Was tun? Mit Spucke wegmachen? Wird nix. Man vergrößert das Unglück nur. Eintrocknen lassen?

Das Gedankenkarussell für diesen Tag ist vorprogrammiert: Alle gucken nur auf diesen Fleck. Man wird auf dieses kleine Missgeschick reduziert. Alle glotzen. Das gesamte Leben an diesem einen Tag wird auf den kleinen Fleck reduziert.

Wie schlimm!

**NIX KLAPPT, ALLES GEHT SCHIEF. ÄTZEND. NUR WEIL MAN EIN BISSCHEN GEPÜTSCHERT HAT.**

# EIN **FLECK AUF DEM T-SHIRT**
## UND DER TAG KANN KOMMEN.

SO EIN KLEINER Fleck auf dem T-Shirt ist eigentlich ein Abzeichen für das Leben an sich. Eine kleine Trophäe, die man mit Stolz tragen sollte. Der Sputtelklumpen, der im Hemd klebt, ist der klebrige Orden des Unperfekten. Er sagt: „Es muss und kann nicht immer alles 100 Prozent gut laufen!"

Geht ja auch gar nicht. Man muss ab und zu auch mal mit kleinen Ecken und Kanten zurechtkommen. Job, Ehe, Freundschaft, Wohnen, Leben, Essen, es läuft niemals alles perfekt. Davon abgesehen ist Perfektion absolut langweilig. Das Unperfekte regt die Fantasie an, den Zwischenraum vom vermeintlichen Makel bis zur Perfektion auszufüllen.

**ALLEIN DESHALB KANN ES GAR NICHT GENÜGEND FLECKEN AUF T-SHIRTS GEBEN.**

# DER MENSCH BRAUCHT **ROUTINE.**

**WIE ES WOHL** wäre, wenn der Mensch jedes Mal nach dem Aufwachen alles neu lernen müsste? Aufstehen. Augen öffnen. Greifen. Stehen. Gehen. Waschen. Zähne putzen. Schuhe zubinden.

Es wäre ja ganz lustig, sich das mal anzusehen, vielleicht im Kino, in einem Film mit Jim Carrey oder so. „Routine Man". Aber es selbst zu erleben, wäre irgendwie nicht mehr so witzig. Spätestens, wenn man total verschmiert mit dem Kopf in der Müslischüssel liegen würde – nackt, weil man nicht mehr weiß, wie man sich anzieht. Auf dem Boden liegend, weil man Am-Tisch-Sitzen verlernt hat, wäre man wahrscheinlich über ein bisschen Routine froh.

Forscher in London haben herausgefunden, dass Menschen 66 Tage brauchen, um sich etwas anzugewöhnen. Also mal eben locker über zwei Monate, um etwas zu einer Routine werden zu lassen. Klingt nach einer langen Zeit, aber ohne diese Zeit wäre ein vernünftiges Leben nicht möglich.

**DER MENSCH BRAUCHT ROUTINE. OHNE IST DOOF.**

# ZU VIEL **ROUTINE** STUMPFT AB.

WENN MAN NICHT aufpasst, kann aus Routine sehr schnell Langeweile werden.

Auch dieses kleine Büchlein kann sehr schnell langweilig werden.

Immer derselbe stampfende Rhythmus: So gesehen und so gesehen.

Gut und schlecht.

Lustig und unlustig.

Schwarz und weiß.

Dunkel und hell.

Um diesen stampfenden Rhythmus einmal kurz zu durchbrechen, kommen hier zwei Dinge:

# 10 DINGE, DIE MAN **GEGEN LANGWEILE** TUN KANN.

1. Den Wecker nicht immer auf dieselbe Uhrzeit stellen, sondern um einige Minuten variieren. Wenn man seit Jahren um 6:45 Uhr aufsteht, wird es ein aufregender Tag, wenn man um 6:42 Uhr startet. Oder um 6:48. Uhr

2. Mit der fünften Person, die man trifft, ein kleines Gespräch anfangen. Thema: „Zäune", „Quitten" oder „Messerschliff".

3. Warum nicht mal den achtzehnten Kontakt aus dem Telefonbuch anrufen und fragen, ob er / sie nächstes Wochenende beim Umzug helfen kann? (Aus dem sechsten Stock Altbau in den fünften.)

4. Mal was Ungewöhnliches kombinieren. Rührei mit Nutella, Kartoffelsuppe mit Apfelkuchen oder die sozialen Medien mit Nettigkeit.

6. Dinge paar ein

5. vertauschen absichtlich.

7. Einen leckeren Marmorkuchen backen. Jetzt.

8. Mal die Sachen anziehen, die im Klamottenstapel immer ganz unten liegen und dieses „Ganz-unten-Outfit" mit Stolz einen ganzen Tag lang tragen.

9. Eine Dose Kichererbsen mit roten Linsen, Zwiebeln, Rosenkohl und dicken Bohnen essen, drei Stunden später auf ein klassisches Konzert gehen. Oder ins Kino (was Romantisches).

10. _____

# ANTIROUTINE:
## MARMORKUCHEN BACKEN.

NIRGENDS KANN MAN Schwarz-Weiß so gut harmonieren sehen wie in einem Marmorkuchen. Grenzen verlaufen, verwischen, feste Bereiche gehen ineinander über. Beim Zubereiten und beim Backen kann man wunderbar über die Schwarz-Weiß-Grenzen und -Verläufe nachdenken.

**Die Zutaten :**

- 375 g Mehl (405er)
- 350 g Zucker
- 225 g Butter
- 3-4 Eier
- 1 Packung Vanillezucker
- 1 Packung Backpulver
- bisschen Milch für die richtige Konsistenz
- Backkakao

**Und so geht es:**

Die Butter und die Eier schaumig rühren, Zucker dazugeben, „so" sagen. Mehl und Backpulver dazugeben, kneten, rühren, bis er schwer reißt.

3/4 vom Teig in eine gefettete und gesemmelbröselte Form fließen lassen, den Rest des Teiges mit Backkakao mischen, Milch dazugeben (löffelweise, nicht zu viel, nicht zu wenig, am besten langsam rantasten). Den Schokoteig auf den anderen Teig in die Backform geben und mit einer Gabel unterrühren. Dabei beobachten, wie schön es sein kann, wenn die Grenzen von Schwarz und Weiß langsam verwischen.

50 (plusminus 2) Minuten bei 170–190 Grad backen.

Immer mal durch die Scheibe in den Ofen gucken. Wenn der Kuchen schon schnell zu dunkel wird, mit Backpapier abdecken.

Dieser Kuchen lässt sich auch leicht vegan backen. Einfach Ei durch Apfelmus oder (sehr) reife Bananen ersetzen. Anstelle von Butter kann man Margarine nehmen und anstelle von Kuhmilch geht ein pflanzlicher Drink. Soja-, Mandel- oder Haferdrink zum Beispiel.

**P.S.: DANKE FÜR DAS REZEPT, THOMAS!**

# „ERWACHSEN SEIN" AUS SICHT EINES KINDES.

WENN MAN KIND ist, stellt man sich Erwachsensein so vor: Naschen, so viel man will. Fernsehen, bis der Fernseher alle ist. Beim Autofahren vorne links sitzen. Chips! Ja, Chips! Ohne Ende! Jeden Tag Post bekommen.

Wach bleiben, solange man will. 100 Euro sind viel Geld! Draußen sein, bis die Straßenlaternen ausgehen. Den ganzen Tag lang surfen. Nur noch Sachen machen, die man will. Sachen kaufen ohne Ende. Schuhe kaufen, die passen und auch in drei Monaten noch passen werden. Spaß. Ferien. Irgendwann mal ein toller Job. Alles, was man will.

Tja.

Kindsein besteht hauptsächlich aus Verboten, nervigen Eltern, Zeichentrickserien und zu Langeweile geformter Zeit.

**WARUM KANN MAN NICHT SCHNELLER ERWACHSEN SEIN?**

# ERWACHSENENERFAHRUNG ZUM THEMA „ERWACHSEN SEIN".

WENN MAN ERWACHSEN ist, weiß man, wie es ist, erwachsen zu sein, nämlich ungefähr so:

Naschen, so viel man will – *hallo Waage*. Fernsehen, bis der Fernseher alle ist – *hallo Einsamkeit*. Beim Autofahren vorne links sitzen – *hallo Stau, hallo Blitzer, hallo Parkplatzsuche*. Chips! Ja, Chips! Ohne Ende! – *hallo Cholesterinspiegel*.

Wach bleiben, so lange man will – *hallo Schlafproblem*. 100 Euro sind viel Geld! – *zack, weg*. Draußen sein, bis die Straßenlaternen aus gehen – *hallo 3 Tage Megakater*. Den ganzen Tag lang surfen – *hallo Aufmerksamkeitsspanne wie ein Goldfisch*. Nur noch Sachen machen, die man will – *hallo Kompensationsverhalten*. Sachen kaufen ohne Ende – *hallo Dispo*. Schuhe kaufen, die passen und auch in drei Monaten noch passen werden – *hallo überfüllter Schuhschrank voller Schuhe, die man nie anzieht, weil sie einfach kackhässlich sind*. Spaß! – *hallo besondere Momente, die allerhöchstens zwei Mal im Jahr stattfinden*. Ferien – *hallo 23 Urlaubstage im Jahr*. Ein toller Job – *hallo Druck und Langeweile bis zur Rente (die niemals kommen wird)*. Alles, was man will – *hallo Enttäuschung*.

Tja.

Erwachsen sein besteht hauptsächlich aus Werbeprospekten, hohen Cholesterinwerten, unangenehmer Post und Überstunden.

**WARUM MACHEN DAS SO VIELE?**

„OOOCH, WIE SÜSS er immer guckt. Also wir haben Gonzo von Fluffhausen als Straßenhund bekommen. 1.200 Euro hat er uns damals gekostet. Fünf Monate war er alt, hatte Flöhe, zugeklebte Augen und so räudiges Fell. Damals war er noch ganz klein, jetzt ist er fast so groß wie ein Pony.

Wir sind jedenfalls jetzt Hundeeltern, gehen mit ihm drei Mal in der Woche zur Hundeschule, haben unser Leben komplett umgekrempelt, sind mit ihm viel unterwegs, bereiten sein Essen selbst zu – bald wollen wir auch selbst anfangen zu schlachten. Einen großen Kombi haben wir uns gekauft, damit er hinten sitzen kann. Er sitzt aber lieber auf dem Beifahrersitz, also sitzt immer jemand von uns hinten. Na ja, haha, egal. Ist halt so mit Kin – äh mit Tieren.

Gonzo soll jeden Tag was lernen. Unser Ziel ist, dass er das Alphabet bellen kann. Ein Instrument wär natürlich auch nicht schlecht, Flöte oder Schlagzeug. Er hat sein eigenes Schlafzimmer und auch sein eigenes Ankleidezimmer. Wenn wir da unsere Regenjacken reinhängen wollen, knurrt er. Als er mal eine Katze zerfetzt hat, haben wir ihm ehrliches Feedback gegeben. Wir schimpfen nicht, wir geben Feedback.

Von Freunden, die uns nicht verstehen, haben wir uns selbstverständlich getrennt. Wir haben nur noch Freunde, die selbst Gummistiefel und Hunde haben."

So ähnlich klingen viele Hundebesitzer*innen. Das ist natürlich erbärmlich. Als Mensch hat man doch nur einen Hund, um in der Rangordnung immer einen unter sich zu haben. Jemanden, der einen verehrt, weil man die Hundefutterdosen aufbekommt. Man will etwas, das man rumkommandieren und bei Bedarf streicheln kann.

# ALS **HAUSTIER** EINEN **MENSCHEN** HABEN.

„OOCH, WIE SÜSS sie immer gucken, wenn ich etwas zerkaue. Am liebsten teure Schuhe oder Kabel. Bücher auch gut. Und Kissen. Federn, hahaha! Sie wollen schimpfen, finden es aber auch irgendwie niedlich. Ich hab Bock auf Sachenmachen. Arf! Arf! Arf! Ich hasse Katzen! Und Menschen auf E-Rollern muss ich jagen! Kleine Menschen muss ich anbellen! HAR! Arf! Arf! DAS IST MEIN REVIER!

Zweibeiner füttern mich und ich muss mich hinlegen, wenn sie mit dem Finger auf mich zeigen. Warum, weiß ich nicht. Meine Kacke stopfen sie in Plastiktüten. WARUM? EGAL! Mein Fell juckt! Ich will schlafen! Fressen! Spielen! Lasst mich! Manchmal frage ich mich, ob es so eine gute Idee war, dass die Wölfe sich damals haben streicheln lassen. Guckt uns an! Wir leben in Wohnungen und gehen ins Büro. Als Spielzeug haben wir Gummiquietschwürste. Unsere Geburtstage feiern wir mit Torten aus Hack. Dann jaulen sie für uns. Geburtstage sind mir scheißegal! Ich will in den Wald! Laufen! Laufen! Laufen! Rennen! Sabbern! Ich will Kletten im Fell! Ich will, dass meine schönen Kackhaufen liegen bleiben! HIER SCHEISSE NUR ICH HIN! LASST DAS LIEGEN!

Mein Leben ist Rache. Außer, wenn sie mich am Bauch streicheln.

Meine Eltern habe ich das letzte Mal gesehen, da war ich ein Welpe. Ich komm aber klar. Irgendwie."

**SO ÄHNLICH WÜRDEN VIELE HUNDE KLINGEN.**

## TAUBEN. DIESE MIESEN FLATTERDINGER VERDIENEN HASS!

ALLEIN DAS WHIPWHIPWHIP-klatsch-Flügelschlag-geräusch reicht schon aus, um Menschen wie mich (und vielleicht auch dich) wahnsinnig zu machen. Ihr dummes Gegurre erst recht. Tauben sind Milbentransporteure, ätzende Dinger mit schmierigem Gefieder. Hassenswert! Widerlich.

Mit ihren zermörtelten Klumpfüßen stolzieren sie über öffentliche Plätze, hocken an unerreichbaren Orten und kacken Menschen auf die Schulter. Oder an frisch gestrichene Häuserfassaden. Mit ihrer Taubenkacke, die sprichwörtlich ätzend ist. Sie brüten ihre scheiß Taubeneier aus und machen dabei Geräusche wie eine kaputte Kaffeemaschine.

Sie schummeln sich im Zoo zu den interessanten Tieren, um ein bisschen Aufmerksamkeit zu bekommen. Plötzlich stehen sie im Erdmännchengehege oder bei den Giraffen und humpeln durch die Optik. Kopf vor, zurück, vor, zurück. Dumm sieht das aus! Tauben sind nur dazu da, um schöne Momente zu zerstören. Schlaf zum Beispiel. Weil sie um 4:30 Uhr mit ihrem Gegurre anfangen. Allein das Wort: gurren. Gurr. Gurr. Gurr. Was ist das? Aus Scrabble-Buchstabenresten zusammengekratzt. Gurr. Gurr. Müsste man null Punkte für geben.

Auch schlimm: Dieser torkelnde Vogelabfall lässt sich nicht überfahren. Egal, was sie tun: Sie ärgern die Menschheit.

**TAUBEN SIND SCHEISSE IN VOGELFORM.**

## TAUBEN.
## TOLLE TIERE!

OHNE TAUBEN UND ihren einzigartigen Orientierungssinn würde es die Kommunikation, die wir alle heute nutzen, vielleicht gar nicht geben. Diese bewundernswerten Tiere mit dem abgefahrenen Feature „Kompass" haben eine wichtige Aufgabe in der Entwicklung der Menschheit übernommen.

Das Telegramm, das Telefon und Kurznachrichtendienste wären wahrscheinlich nie erfunden worden, wenn nicht irgendjemand das Prinzip „Brieftaube" weitergedacht hätte.

Tauben können nicht singen, aber sie haben Wichtiges zu sagen.

Sie waren in Kriegen Informationsübermittlerinnen und haben „Der Krieg ist vorbei! Waffenruhe jetzt!" in ihrem kleinen Postfach, das ihnen an die Beine oder auf den Rücken geschnallt wurde, an die Fronten gebracht. Zuverlässig. Die Taube ist nicht umsonst das Symbol für Frieden. Frieden ist ja wohl der beste Zustand, den es auf der Welt geben kann.

Rentner*innen, die Tauben füttern, haben eine schöne Aufgabe im Leben. Nämlich dafür sorgen, dass diese wichtigen Tiere immer schön weiterflattern können. *whipwhipwhip whipwhipwhip whipwhipwhip.*

Und spätestens, wenn man doch mal eine überfahrene Taube auf der Straße sieht, merkt man, dass man doch etwas für dieses Lebewesen fühlt:

**MITLEID.**

# **AUFKLEBER** VERSCHANDELN DIE UMWELT.

EGAL, WAS FÜR ein Motiv darauf zu sehen ist, egal, was für eine Botschaft verbreitet werden soll: Ein Aufkleber drängt sich in die Optik. Er will unbedingt gesehen werden, schiebt sich in der Kommunikationshierarchie ganz nach vorne wie so ein unangenehmer Büfettdrängler. Beliebt: „WÄHLT DIE AFD!"

Den Untergrund, egal, wie gut oder schlecht er auch sein mag, wertet er ab.

Ein Aufkleber will laut sein, klebt am Untergrund fest wie ein Politiker an seinem Stuhl und verschandelt alles.

# **ABZIEHBILDER** MACHEN DIE UMWELT SCHÖNER.

ABZIEHBILDER WIRKEN EDEL, bisweilen teuer. Abziehbilder sind Kunst. Die Botschaft, die darauf zu sehen ist, wurde mit viel Können und Leidenschaft auf dem Papierträger angebracht. In stundenlanger Sisyphusarbeit wurde jeder Quadratmillimeter perfekt drapiert. Ein Abziehbild ist ein Werk, das jede Sekunde Beachtung verdient. Es ebnet den Betrachter*innen den Weg in die Kunstwelt, so tun sie den Menschen einen Gefallen.

Der Untergrund, egal, wie gut oder schlecht er auch sein mag, wird von jedem einzelnen Abziehbild aufgewertet.

Zum Beispiel, wenn „FCN NZS" darauf steht, wie es oft an Ampeln zu sehen ist.

# ALLES VOLLER **SCHWARZER FLECKEN.**

**DA SIND EINE** Menge schwarzer Flecken, kleine und große, sie fallen sofort auf.

Diese Flecken stehen für den ganzen Scheiß, der gerade los ist.

Soziale Ungerechtigkeit, das kapitalistische System, Religionskriege, überhaupt: Kriege. Die Welt ist im Dauerkrisenmodus. Und dann ist da noch die Klimakatastrophe, die mal mehr, mal weniger im Fokus steht, deren Auswirkungen wir aber alle noch zu spüren bekommen werden. Da ist noch viel mehr: Homophobie, Mysogenie, Sexismus, Gewalt, Leid, Hunger, es hört nicht auf.

Hinzu kommen kleinere und größere Einzelschicksale. Das kann ein Beinbruch sein, ein Jobverlust, ein entlaufener Hund, ein ätzender Vermieter, dieses, jenes, alles doof. Politik: auch doof. Fußballergebnis: doof! Bahn verpasst! Bescheuert! Ladekabel vergessen. Kühlschrank leer. Ätzend! Date verkackt: Menno, ey! Wetter. Uff.

**KACKE.**

# DA IST ABER NOCH MEHR: **DAS HELLE DRUMHERUM.**

**MAL SO GESEHEN:** Zufälligerweise wurden wir alle in eine Zeit hineingeboren, in der wir als Menschen auf der Welt rumlaufen dürfen. Verdammt viel Glück gehabt! Wir hätten auch vor 420 Millionen Jahren Lungenfische werden können, die versuchen, sich aus dem Wasser an Land zu wuchten und leider in der Sonne vertrocknen. Oder Pestopfer im Mittelalter. Oder Eintagsfliegen.

Ein Zufall wollte aber, dass wir in eine Zeit geboren wurden, in der elektrische Gitarren, Zahnbürsten und Aufbackbrötchen schon längst erfunden waren. In Deutschland leben wir in einem Land, dem es wirtschaftlich so weit gut geht und in dem es Strom aus der Steckdose, eine Demokratie und eine Meinungsfreiheit gibt. Und eine Krankenversicherung, auch nicht schlecht. In diesem Land dürfen wir leben.

Wir dürfen Menschen sein, müssen keine Winkelspinne oder Kälber sein, die bald geklopft, paniert und in Fett ausgebacken werden. Wenn einem danach ist, kann man in einen Wald gehen und einen sehr langen Spaziergang machen. Man kann bei uns relativ gefahrlos an Blumen riechen oder Tiere streicheln. Man kann zwischen verschiedenen Zeitungen und Büchern auswählen. Wenn man einen Wasserhahn anmacht, kommt Wasser raus, kalt oder warm – man kann es sich aussuchen.

Das Allerbeste: Da sind noch 420 Millionen andere gute Dinge. Mindestens.

Es ist leicht, nur die schwarzen Flecken zu sehen, weil sie besonders leicht zu sehen sind.

**ABER DAS HELLE DRUMHERUM IST EBEN AUCH DA.**

# MIT **NAZIS** REDET MAN NICHT.

**NIEMALS!**

# MIT **NAZIS** MUSS MAN REDEN.

I C H   B I N   D E R   ganz festen Meinung, dass man mit Nazis reden muss.

Man muss ihnen sagen, was Faschismus bedeutet, wie kleingeistig Rassismus ist. Man muss ihnen sagen, dass ihre Ideologie gefährlich und dumm ist. Man muss ihnen verklickern, dass Hitler, Mussolini und Höcke samt ihrer Parteien und ihres diktatorischen Denkens grundlegend falsch und menschenverachtend sind. Man muss ihnen sagen, dass das Unterteilen von Menschen in Hautfarben widerwärtig ist und dass es keine Rassen gibt. Es gibt nur den Menschen. Es gibt Hunderassen, aber keine Menschenrassen. Nazis verwechseln Hunde mit Menschen. Man muss ihnen sagen, wie dumm das ist. Auch der Stolz auf eine Nationalität ist total beknackt. Es ist kompletter Zufall, in welches Land man geboren wird. Auf diesen Zufall kann man nicht stolz sein können. Jedenfalls nicht, wenn man klar denken kann.

Wer Nazi ist oder Nazis gut findet, befürwortet auch Diktaturen, Weltkriege und den Holocaust. Systematisch Menschenleben ausrotten, Genozide und Blutvergießen werden genauso befürwortet wie die komplette Liste sämtlicher Kriegsverbrechen. Dass all das grundlegend falsch und verachtenswert ist, muss den Nazis gesagt werden. So oft und so lange, bis sie es verstanden haben.

Was man Nazis vor allen Dingen verklickern muss: Es gibt einen Weg raus. Hier ist er: **WWW.EXIT-DEUTSCHLAND.DE**

ES KOMMT JA schon mal vor, dass die Fußnagelschneide-routine ein bisschen durcheinander gekommen ist. Dann schneidet der etwas scharfkantige Zehennagel des großen Zehs (Wieso heißt der eigentlich nicht Daumenzeh? Egal, anderes Thema.) die ersten Fasern der Lieblinkssocken durch. Nach ein paar Spaziergängen ist es dann so weit, es entsteht ein kleiner Schlitz, aus dem ein veritables Loch wird. Der Zeh schlüpft durch das Loch, das Loch wächst und schneidet ins empfindliche Zehfleisch.

Auch die Wärmedämmung ist dahin, es ist eine komplett unangenehme Situation, die sich auch im Gesicht widerspiegelt. Wenn man jetzt draußen unterwegs ist, vielleicht auf einem Spaziergang, mürrisch, weil die Socke so nervt, und jemanden trifft, den man lange nicht gesehen hat, kann es brenzlig werden. „Ach Mensch! Lustig, gerade hab ich an dich gedacht. Komm, wir trinken einen Kaffee, ich wohne gleich da oben ..."

Skeptische Blicke, Schubbern im Schuh, „Aber ich muss doch ..." – „Nee, komm schon, wie lange haben wir uns nicht mehr gesehen? 15 Jahre? 20? Die Gelegenheit lassen wir nicht aus!", man lässt sich breitschlagen, kommt in die Wohnung und zieht die Schuhe aus, weil es eines der ersten Dinge ist, die man als Mensch lernt: Schuhe ausziehen, wenn man eine Wohnung betritt.

Flupp!

Der Fuß in seiner zerschnittenen Socke ist das Äquivalent zu Menschen, die in der Bahn die Maske nicht richtig aufsetzen können – die Nase hängt raus. Oder der Piedel aus der Hose. Ein Moment der kompletten Erniedrigung, weil man denkt, dass das Gegenüber denken könnte, dass das eigene Leben genauso zerschnitten und kaputt ist wie die Socke. Von der eigenen Vergesslichkeit aufgeschlitzt, baumelt der Zeh wie eine dicke Made an der Socke.

# LÖCHER IN SOCKEN.
## FREIHEIT FÜR DIE FÜSSE!

DEN GROSSTEIL DER Zeit verbringen Füße in Socken. Sie stecken in Schuhen, manchmal sind diese sogar mit Stahlkappe gesichert und bis an die Wade geschnürt. Viele Menschen gehen mit ihren Füßen um wie mit Schwerverbrechern. Guantanamo Bay ist nichts dagegen!

Es gibt diesen Roman von J. Campbell Bruce: „Escape from Alcatraz", der 1963 verfilmt wurde. In der Hauptrolle Clint Eastwood. Frank Lee Morris flieht mit zwei weiteren Insassen, den Brüdern John und Claerence Anglin, aus diesem Hochsicherheitstrakt, was noch nie jemandem vorher gelungen ist. Sie kratzen mit primitiven, selbst gebauten Werkzeugen die Wände auf und bauen sich ein Floß aus Regenmänteln. Man wünscht sich so sehr, dass sie es schaffen! Der Roman beruht auf wahren Begebenheiten. Diese Flucht gab es wirklich.

Eigentlich ist der große Zeh, der mit seinem scharfkantigen Nagel die Außenhaut aufschlitzt, der sich durch das enge Loch zwängt, um auch mal frische Luft, wie zum Beispiel die Nase oder der Daumen, zu bekommen, ein Romanheld. Man muss mit ihm mitfühlen, ihn innerlich anfeuern und ihn feiern, wenn er es denn endlich mal geschafft hat. (Und bloß nicht daran denken, dass er jetzt noch einen Schuh vor sich hat.) Sollte man in die Situation kommen, dass fremde Menschen die kaputte Socke sehen, muss man nur an Frank Lee Morris und an das Leben in Freiheit denken.

Mal so gesehen: Vielleicht will er ja auch was sagen, so was wie: „Hey! Mach's mir nach! Sprenge die Ketten! Befreie dich von den Fesseln! Raus aus deinem Korsett! Die Freiheit fängt am Fuß an. Woher kommt wohl die Redewendung „Auf freiem Fuß"???

# DER LETZTE MARIENKÄFER
## DES JAHRES. OH, WIE TRAURIG!

MANCHMAL IST ES im November noch mal kurz so warm, dass man einen Marienkäfer fliegen sieht. Vielleicht ein bisschen träge und viel langsamer als Sommermarienkäfer, aber immerhin. Er bohrt sich in Zeitlupe durch eine Luft aus Gelee.

Zwei Gedanken drängen sich einem auf wie so ein AMG Mercedes von hinten auf der linken Spur auf der Autobahn:

1. Das ist der Klimawandel. Normalerweise sollte es schneien.
2. „Och nee. Der Arme! Muss in wenigen Stunden bestimmt sterben."

# DER LETZTE MARIENKÄFER
## DES JAHRES. OH, WIE SCHÖN!

WARUM SOLLTE MAN nicht feiern, dass im November noch ein letzter Marienkäfer am Start ist? Ist doch eher Kategorie „letzter Kneipengast".

Ein Marienkäfer, der noch die letzten Stunden, mit Glück sogar Tage, genießt, nochmal ein bisschen um die Häuser zieht, bevor er den sicheren Kältetod stirbt.

Vom Klimawandel bekommt er nicht viel mit.

Er wird jeden einzelnen Flugzentimeter genießen. Ist doch super, wenn dieser kleine Marienkäfer irgendwo auf einem Fenstersims in der Sonne sitzt und bräsig seine Zeit vertrödelt.

Wer weiß, wie es sich für ihn anfühlt? Sind zwei Stunden Menschenzeit sechs Wochen Marienkäferzeit?

Warum gibt es im Internet keinen Marienkäferzeit-Menschenzeit-Umrechner? Gibt doch sonst alles im Netz. Na gut, anderes Thema.

# SPRACHNACHRICHTEN.
## BITTE NICHT.

WENN DAS SMARTPHONE kurz vibriert, bedeutet es manchmal nichts Gutes. Ein Blick und man weiß: Oh Mann. 4:37 Minuten von Sabine. Ach nee. Sind sogar 8:11.

Es gibt natürlich jetzt mehrere Möglichkeiten.

Sabine ist aus Versehen auf den Knopf gekommen und das Telefon schubbert in ihrer Handtasche. Außer kratzigen Alien-Geräuschen ist nichts zu hören.

Kann aber auch sein, dass sie eine unglaublich komplizierte, vielschichtige Geschichte mit über 30 handelnden Personen erzählen wollte und den Faden verloren hat oder dass sie ganz einfach so einen langweiligen Kram loswerden wollte, dass sie sich beim Erzählen bewusstlos gelangweilt hat. Oder dass sie einfach einen Podcast verschickt hat.

Sobald auf dem Telefon zu sehen ist, dass eine Sprachnachricht eingetrudelt ist, kommt das moralische Dilemma. Lebenszeit verschwenden und den ganzen Quatsch anhören? Oder die Nachricht ignorieren und hoffen, dass entweder ein echter bilingualer Anruf kommt oder eine getippte Nachricht.

Wenn man die Nachricht anhört, möchte man die ganze Zeit antworten, was ja nicht geht, weil es eine Einbahnstraßenkommunikation ist. Anstrengend!

Acht Minuten Salmon. Und dann ist da irgendwo in dem Gewusel eine Nachricht versteckt, die vielleicht sogar wichtig ist! Man weiß aber nicht, ob nach 48 Sekunden oder nach sieben Minuten.

Man kann schneller abspulen, aber dann zerstört man den Respekt, den man vor den Leuten jemals gehabt hat – man hört Mickey Mouse zu.

Sprachnachrichten haben schon Freundschaften und Beziehungen zerstört. Es wurden aber bestimmt auch schon Menschen enterbt, weil sie eine Nachricht nicht abgehört haben.

**WEIL SIE SPRACHNACHRICHTEN NERVIG FINDEN.**

# SPRACHNACHRICHTEN.
## OH DOCH. GUT.

IST DOCH AUCH schön, wenn man mal nur zuhören muss. Man kann Zuhörgeräusche wie „Hmmm", „Ah ja" und „Ach, halt doch dein Maul und nerv mich nicht mit deinem dummen Gelaber!" folgenlos einstreuen. Diese Möglichkeit wird vollkommen unterschätzt und ich bin mir sicher, dass dadurch schon viele Beziehungen gerettet wurden. Auf jeden Fall schon das ein oder andere Seelenheil, denn es tut gut, Gefühle auch mal ungefiltert rauszulassen. Endlich gehören (die meisten) Missverständnisse der Vergangenheit an, weil Klang und Betonung mittransportiert werden können. Ironie muss nicht mehr mit einem bescheuerten Emoji gekennzeichnet werden.

Man muss allerdings aufpassen, dass man nicht sein Sprachnachricht-Verhalten mit dem ganz normalen Telefonverhalten verwechselt.

Das kann echt ziemlich doof enden.

Als jemand, der anderen ständig ins Wort fällt, lernt man durch Sprachnachrichten, andere Menschen auch mal ausreden zu lassen.

Von all dem abgesehen sind Sprachnachrichten tatsächlich wunderbare Sprachdokumente. Wenn Tante Helga, die immer so viel redet, einem noch kurz das Rezept für Marmorkuchen durchgeben wollte, dann bleiben sowohl das Rezept als auch die Stimme für immer.

# BITTE KEINE
## QUERDENKER*INNEN MEHR.

**WENN SICH LEUTE,** die auf die Straße gehen, um „Wir sind das Volk" zu skandieren, deren beste Monatsleistung es ist, ohne Maske Bahn zu fahren, die im Internet Menschen bedrohen und irgendwelchen vergifteten Mumpitz in die Tastaturen kotzen, Querdenker*innen nennen dürfen, ist das einfach nur traurig.

Diese Art Querdenker*innen sind ganz armselige Gestalten. Dumpfe Leute, deren Gehirne gegen ein Pfund dampfendes Labskaus ausgetauscht wurden. Allesversalzer, für die Klettverschlussschuhe schon zu kompliziert sind. Zu-nah-an-der-Wand-Schaukler*innen mit Minus-IQ. Intellektuelle Kriechtiere, die im Nachdenkwettbewerb sogar gegen die dümmste Qualle der Welt verlieren würden – und Quallen haben nicht mal ein Gehirn!

Dass sich diese träge Masse Mensch überhaupt irgendwas mit „Denker*innen" nennt, ist schon fast Hochstapelei. Dass diese Nullbohnen das etablierte Wort „Querdenker" gekapert haben und es für ihre Zwecke missbrauchen, zeigt doch nur, dass sie nichts eigenes können.

**MAN SOLLTE SIE EINFACH MIESE QUERTROTTEL NENNEN.**

# DIE WELT BRAUCHT MEHR
# QUERDENKER*INNEN.

DER MENSCH, DER vor Zigtausend Jahren zwei Feuersteine gegeneinandergeschlagen hat: Querdenker*in.

Der Mensch, der das Rad erfunden hat: Querdenker*in.

Der Mensch, der Metall geschmolzen und verarbeitet hat: Querdenker*in.

Neue Erziehungsansätze, mathematische Formeln, Laborversuche, Teppichkleber, Lüftungsanlagen, Computerprogramme, Pfannen, Speichenfelgen, Trinkflaschen, TV-Serien, Schreibmaschinen, Mohnbrötchen, Tastaturen, Zeltfeste, Reißverschlüsse, Satelliten, Kaffeefilter, Telefonanlagen, Licht, Imbiss, Haargummis, Strom, Sessel, Windkraftanlagen, Gesichtscreme, Chips, politische Systeme, Düsen, Enkeltrick, Küchenmaschinen, Äxte, alles von Querdenker*innen erfunden.

Wenn es nicht Menschen gäbe, die um die Ecke denken, würden wir immer noch vor der Höhle hocken und ab und zu am Feuerstein lutschen. Schön blöd. Die Welt braucht dringend, dringend, Querdenker*innen. Unbedingt! Wir brauchen Erfindungen, wir brauchen den nächsten Schritt, wir brauchen Veränderungen ins Gute.

**DAS GEHT NUR, WENN ES MENSCHEN GIBT, DIE EINMAL UM DIE ECKE DENKEN.**

ES NERVT, ES ist unangenehm, es riecht nicht gut. Ein Klogang ist ein Übel, der schnell erledigt sein sollte. Es ist eine unnötige Unterbrechung der sonstigen Dinge, die zu erledigen sind. Es muss von daher so schnell wie möglich gehen. Unter fünf Minuten ist das Ziel. Man darf gar nicht darüber nachdenken, wie viel Zeit man mit unnötigem Rumgesitze verschwendet! Bei fünf Minuten täglich sind das 35 Minuten in der Woche. In der Zeit kann man acht Kilometer joggen, Bettwäsche bügeln oder die Steuererklärung mit Elster Online machen.

**DER KLOGANG ALS VERKLAPPUNG. AUF, RAUS, ZU.**
**ABWISCHEN, HÄNDEWASCHEN, WEITERMACHEN.**

# AUF KLO SITZEN. BESTE ZEIT.

HACH! ES GIBT kaum etwas Schöneres, als nach einer Verabredung oder einem wie auch immer gearteten Event nach Hause zu kommen und zu wissen: „Die nächste halbe Stunde gehört mir!"

Hose runter, die Klobrille grinst einen schon an, weil sie weiß: Gleich wird es warm und gemütlich. Kaum hat man seine Sitzfalten und die Arschbacken drapiert, wird losgepullert. Der Schließmuskel bekommt das Signal, sich zu entspannen – und dann kommt auch schon das große Geschäft. Genussvoll gleitet die Wurst raus, dazu liest man entspannt Zeitung oder guckt sich ein paar Sachen auf dem Smartphone an. Das Klo als Rückzugsort. Wenn man pro Tag 30 Minuten auf Klo verbringt, sind das in der Woche 210 Minuten. Im Jahr kommt man auf 10.920 Minuten. Das sind 182 Stunden. 7,58 Tage. Siebenkommafünffacht Tage! Mehr als eine ganze Woche wunderbarer Entspannungszeit. Die Tür zur stressigen Welt da draußen ist geschlossen, das Klo als Bunker.

Hin und wieder kommt es zu lustigen Geräuschen, man ist regelrecht stolz auf das Ergebnis. Würde man nicht unbedingt zugeben und auch nicht groß erzählen, aber es gibt Gerüche, Geräusche und Volumina, mit denen man so nicht rechnen konnte. Leichtes Kopfnicken als Bestätigung und eine innere Stimme, die einem regelrecht auf die Schulter klopft. „Ein echter Kaventsmann!" oder „Wenn dieser Klogang ein Kinofilm wäre, würde er ‚Der Gletscher kalbt' heißen."

Man genießt jede einzelne Sekunde und kommt auf Gedanken, die man sonst sehr wahrscheinlich nicht denken würde. Eine ausgedehnte Sitzung hat therapeutische Effekte, ist ungefähr so wertvoll wie ein Spaziergang. Fast wie Sport. Alles fließt.

**MENSCHEN, DIE LANGE AUF KLO SITZEN, SIND IM LEBEN ENTSPANNTER. (ODER HABEN VERDAUUNGSPROBLEME.)**

# LANGWEILIGES LEBEN
## IST BEIGE.

EIN HÜFTSCHADEN HAT die Farbe beige. Samstag-vormittag an der Supermarktkasse stehen und mit verknöcherten Gichtfingern in Zeitlupe Münzgeld aus der Geldbörse sammeln hat die Farbe beige. Die Haut wird nicht mehr vernünftig durchblutet, weil die Arterien vollkommen zugekalkt sind, deshalb ist auch das Gesicht taxifarben. Alles ist beige. Beige ist eine Unfarbe.

Hundedurchfall ist auch beige.

Je älter man wird, desto müder die Knochen, desto schlechter die Augen – und desto blasser wird das Leben. Das Lebendige wird raus-gewaschen. Das innere Beige drängt nach draußen. Lebensgefühl rentnerbeige.

Wann es so weit ist, merkt man, wenn man urplötzlich im Klamottenladen (äh, nee, Entschuldigung: „Bekleidungsgeschäft") steht und sich die erste beige Jacke mit großen Taschen kauft. Viel-leicht kommt sogar direkt noch eine beige Hose dazu und Schuhe mit einer gemütlichen, hellen Sohle. Wenn das passiert, gehört man offi-ziell zum Methusalem-Club. Man verliert wie ein Blatt die Farbe des Lebens und vergammelt bei lebendigem Leib. Menschlicher Mulch. Sobald man anfängt, sich innerlich in einen Komposthaufen zu ver-wandeln, ist man bereit für das anerkannte Rentnergesöff: Eierlikör.

Eierlikör: ein wahrhaft widerliches, beiges Getränk. Müsste eigentlich Rentnerlikör heißen.

# ENTSPANNTES LEBEN
## IST BEIGE.

WAS FÜR EIN wunderbarer Zustand, diese Stille, das Meditative. Rentner*innen haben diesen Zustand erreicht, sie leben ein beiges Leben. Frei von unnötiger Knalligkeit können sie sich ganz dem Ausklingenlassen hingeben.

Beobachten kann man das gut an der Supermarktkasse. Samstags, wenn alle einkaufen müssen. Dann stehen da beige Rentner*innen, legen ihre vier Einkäufe aufs Band und zählen ganz in Ruhe ihr Geld ab. Stress von außen hat keine Chance, der beige Panzer schützt die entspannte Rentner*innen-Seele.

Beige Rentner*innen können stundenlang auf Blumen gucken. Sie füttern Tauben oder wackeln mit hinter dem Rücken verschränkten Armen durch Parks. Langsam, bedächtig. Das Tempo ist raus. Wozu auch? Vielleicht ist eine beige Weste, wie sie von Rentnern gern getragen werden, in Wahrheit eine Rüstung der Entspannung – und man sollte viel früher anfangen, eine zu tragen.

Wenn Farben entspannt sind, sind sie beige – dieser Gemütszustand scheint sich auf den Menschen zu übertragen.

LANGSAM KOMME ICH IN EIN ALTER, IN DEM MAN AUS DEM ALTERN NICHT MEHR RAUSKOMMT.

## SUV: GEPANZERTE EGOBURG FÜR FRAGILE WESEN.

WIE SEHR DIE Menschheit falsch abgebogen ist, sieht man, wenn man sich die Leistungsdaten eines SUV durchliest. Gern über fünf Meter lang, zu 700 PS und 2,5 Tonnen Gewicht, um damit oftmals nur eine einzige Person durch den Berufsverkehr zu schippern. Warum fahren sie Autos vom Ausmaß einer 3-Zimmer-Wohnung? Die Leute tragen doch auch keine Schuhe, die acht Nummern zu groß sind. Oder ziehen Taucherflossen zum Tanzen an. Oder nehmen eine Straßenlaterne als Golfschläger.

Man schwebt in einem SUV auf einer Blechsänfte über den Dingen. Entkoppelt von allem. Hermetisch abgeriegelt. Was da unten passiert, ist egal. Denn es bleibt ja unten. Ein Sport Utility Vehicle ist ein beliebtes Auto für Ballungsgebiete und enge 30er-Zonen. Meist sitzen darin eher zarte Wesen, die einem mit Vollgas ein Totschlagargument entgegenschleudern, wenn man ihre Fahrzeuge kritisiert. „Ja, aber die Förster …!"

Zwei Zahlen dazu:

Ende 2021 gab es knapp 35.000 Förster*innen in Deutschland.

Am 1. Januar 2022 waren in Deutschland rund 4,8 Millionen Personenkraftwagen aus dem SUV-Segment registriert. Nach dieser Rechnung kommen auf einen Förster 137 SUV.

**SINNLOSER GEHT ES EIGENTLICH NICHT.**

# **S U V :** DREHMOMENTSTARKES AUTOMOBIL MIT HOHEM NUTZWERT.

EIN SUV IST gut für Menschen, die Anhänger durch loses Geröll oder matschige Waldwege ziehen müssen. Auch für Handwerker*innen oder Pferdeliebhaber*innen ist diese Art Mobil sinnvoll. Folgerichtig, dass Leute, die ein Fahrzeug mit hohem Nutzwert benötigen, gern auf ein rustikales SUV zurückgreifen.

Ein SUV ist auch gut für Klischeeliebhaber*innen. Man kann sich herrlich daran abarbeiten. (sowohl am Automobil als auch an den Klischeeliebhaber*innen) Das Mobilitätskonzept SUV ist sogar gut für die Natur, weil die Menschheit sich schneller ausrottet. Sogar mit angenehmen Assistenzsystemen.

# STOFFTASCHENTÜCHER SIND
## WIDERWÄRTIGE ROTZLAPPEN.

ES GIBT MENSCHEN mit Schnupfen, die schwere Lappen aus der Tasche ziehen, sie auseinanderklappen und sie dann vollrotzen. Also, NOCH VOLLER rotzen. Ein Stofftaschentuch ist bei der ersten Benutzung sehr angenehm – wenn man es schafft, das Gehirn zu überlisten, damit es nicht denkt: „Du schnaubst hier gerade in eine karierte Tischdecke." Stofftaschentücher fangen, wenn sie nicht ständig benutzt werden, an zu knistern, sie speichern Bakterien und Viren und sind nach mehrmaliger Benutzung ein matschiger Klumpen, den man in seiner Jackentasche durch die Gegend trägt.

Man hat ein ähnliches Erfolgserlebnis wie beim Goldschürfen, wenn man das benutzte Stofftaschentuch an getrockneten Rotzstellen langsam auseinanderzieht. Es gibt so ein angenehmunangenehmes Reißgeräusch. Ekel und Aufregung mischen sich wie Rotz und Wasser. Man wünscht sich dieses Gefühl an möglichst vielen Stellen. Daher ist ein frisches Stofftaschentuch zunächst eine Enttäuschung.

Wenn ein Stofftaschentuch voll (und schwer) ist, wird es gewaschen, einige Psychopathen bügeln die Dinger sogar noch.

**STOFFTASCHENTÜCHER SIND EXTREM EKELHAFT.
WAS KOMMT ALS NÄCHSTES? STOFFKLOPAPIER?**

# STOFFTASCHENTÜCHER SIND DIE BESSEREN PAPIERTASCHENTÜCHER.

WAS DAS THEMA Nachhaltigkeit angeht, gibt es ja wohl nichts Besseres als Stofftaschentücher, oder? Man kann Initialen reinsticken, man kann mit besonders bunten Exemplaren den eigenen modischen Anspruch untermauern, man kann sich teure Achtsamkeitsseminare sparen, weil man sich in einen sehr entspannten Zustand bügeln kann, wenn man die meist karierten Tücher glättet und bedampft. Die Lebensdauer eines Stofftaschentuches kann schon mal mehrere Jahre betragen, denn sie nutzen sich kaum ab.

Papiertaschentücher kann man dagegen nur kurz aus der Packung reißen, auseinanderfalten und ein einziges Mal benutzen. Dann landen die Dinger im Müll. Oder in einer Jackentasche, wo sie mitgewaschen werden. Spätestens wenn man eine dunkle Wäsche gewaschen hat und Hunderte weißer Flocken von den Klamotten pulen muss, weiß man:

**PAPIERTASCHENTÜCHER KÖNNEN EIGENTLICH NICHTS.**

# DREI ENTSCHEIDUNGEN,
## DIE RICHTIG MIES WAREN.

ICH HABE JETZT genug geschrieben, jetzt bist du mal kurz dran.*

Guck doch mal kurz ein paar Monate oder vielleicht sogar ein Jahr nach hinten – und überlege, welche drei deiner Entscheidungen in der letzten Zeit richtig mies waren.

1. _____

2. _____

3. _____

---

\* Wenn du einen Bleistift nimmst, kannst du diese beiden Seiten immer wieder benutzen und musst nicht irgendwann deine Entscheidung bereuen, hier alles mit einem Kugelschreiber vollgeschrieben zu haben.

# SCHLECHTE ENTSCHEIDUNGEN,
## DIE BESSER WURDEN.

MANCHMAL ÄNDERN SICH Sichtweisen oder Dinge entwickeln sich in eine komplett andere Richtung.

Hier hast du Platz für drei deiner Entscheidungen, die erst richtig doof waren, sich aber dann in eine sehr gute Richtung entwickelt haben.

1. _____

2. _____

3. _____

# „FRÜHER WAR ALLES BESSER!"

„DAS WAR NOCH was! Man konnte in der S-Bahn rauchen, im Auto musste man sich nicht anschnallen und wenn man mit acht Bieren im Kopf von der Polizei angehalten wurde, konnte man einfach weiterfahren. Kinder haben den ganzen Tag draußen gespielt und haben nicht die ganze Zeit ins Handy geglotzt. Wir sind noch zu Fuß zur Schule gegangen. 70 Kilometer – eine Strecke. Auch im Winter bei -30 °C. Ohne Schuhe! Und wir waren glücklich! Auf der Straße hat man sich gegrüßt, man hat 40 Jahre in ein und demselben Betrieb gearbeitet und wenn man irgendwo einen Kaffee bestellt hat, hat man einen Kaffee bekommen und nicht 100 Rückfragen. „Hafermilch? Laktosefrei? Soll eine Katze die Bohnen gefressen und ausgekackt haben, bevor die Bohnen geröstet wurden?"

Und „Autos waren deutsch! In der Schule gab es den Rohrstock oder Backenfutter! Die Menschen haben in Restaurants GESESSEN und gegessen. Nicht im Gehen. Brot hat noch nach was geschmeckt! Im Supermarkt gab es eine Mittagspause. Der Liter Benzin hat keine Einsfuffzich gekostet. In D-Mark! Es gab zwei Geschlechter, das starke und das schwache. Die Leute sind nicht in Lumpen rumgelaufen, sondern hatten noch Stil."

Und so weiter. Man will diese Leute gern in eine Zeitmaschine zerren und sie in die Zeit schicken, die sie romantisch verklären. Die Königsdisziplin dieses Denkens ist nämlich: „Das haben wir schon immer so gemacht." Verfolgt man den Gedanken bis zum Ursprung zurück, landet man irgendwo bei haarigen Leuten, die Antilopen an Felswände kritzeln.

# **FRÜHER** WAR LÄNGST NICHT ALLES BESSER!

ZUM GLÜCK SIND Trinkwasserrohre nicht mehr aus Blei. Zum Glück sind Zahnfüllungen nicht mehr aus Amalgam. Wünscht man sich eine Zeit ohne Anschnallpflicht zurück? Oder die Zeit des tradierten Familienbildes – der Mann arbeitet, die Frau ist am Herd? Was ist mit Faxgeräten, Wählscheibentelefonen und damit, dass Homosexualität verboten war? Wünscht man sich Operationsmethoden zurück, als man mit einem Hammer und einer Flasche Whisky betäubt wurde? Was ist mit Paragraph 218 oder jauligen Dynamos am Fahrradreifen? Waren berittene Depeschen besser als die modernen Kommunikationssysteme von heute?

Nur die Rückbetrachtung lässt vieles besser erscheinen. Selbst samstags „Wetten, dass ...?" geguckt zu haben, fühlt sich heute total gut an. Die Sendung ist aber genauso scheiße wie so viele andere Dinge, die sich zum Glück weiterentwickelt haben.

Würden wir uns nicht weiterentwickeln, landeten wir irgendwo bei haarigen Leuten, die Antilopen an Felswände kritzeln.

# DIESE JUGEND VON HEUTE!

SIE KLEBEN SICH fürs Klima auf die Straße. Sie tragen unmögliche Klamotten und hören Musik, die einen aus den Ohren bluten lässt. Sie reden in einer Sprache, die kaum jemand versteht, grammatikalisch ist es der Horror. Sie gammeln rum, wissen nicht, was sie wollen. Sie gendern ungeniert und tätowieren sich mit Quatschtattoos voll. Kühlschränke, Strichmännchen, doofe Katzen, lauter so einen Kram.

Sie haben keinen Plan, hören Gangsta-Rap, aber sortieren bei Color-Rado die Lakritze aus und meckern, wenn das T-Shirt nicht mit Weichspüler gewaschen wurde.

# *DIESE* **JUGEND** VON HEUTE!

SIE SETZEN SICH ein. Sie nabeln sich ab. Sie haben verständlicherweise wenig Bock auf die Erwachsenen, die den Planeten in die Scheiße geritten haben.

Wer über „diese Jugend von heute" meckert, hat vergessen, selbst mal jugendlich gewesen zu sein und ist somit offiziell alt.[*]

---

[*]  Wer „diese Jugend von heute" in Anführungsstriche setzt, auch.

# ZAPPING IST ZEITVERSCHWENDUNG FÜR UNENTSCHLOSSENE.

DIESES LUSTLOSE RUMGEHACKE auf der Fernbedienung ist vollkommen unnötig. Das machen nur Leute, die auch sonst im Leben nicht wissen, was sie wollen.

Leere Blicke, lustloses Geraune. *Zack – weg – anstrengend – langweilig – nee – dumm – nö –* und so weiter.

Leute, die ihre Lebenszeit mit Zappen verschwenden, sind auch bei der Partner*innen-Wahl so. Tinder. Leute wegwischen. *Zack – weg – anstrengend – langweilig – nee – dumm – nö –* und so weiter.

Im Berufsleben gibt es das auch. Im Restaurant natürlich auch. Nicht wissen, was man will. Immer nur wissen, was man nicht will – und das auch erst in dem Moment, in dem es einem aufgetischt wird.

*Zack – weg – anstrengend – langweilig – nee – dumm – nö –* und so weiter. Was für eine blöde Lebenseinstellung!

# **ZAPPING** IST EIN WICHTIGER KULTURELLER BAUSTEIN.

IN EINER VOLLKOMMEN durchkontrollierten Zeit ist es wichtig, ab und zu mal nach ungeplanter Inspiration zu suchen. Der bequemste Weg ist tatsächlich der über die Fernbedienung.

Es ist ein wunderbarer Gemütszustand, wenn man frei von Terminen und Zwängen ist und einfach mal gucken kann, was einen vielleicht interessieren könnte.

Beim Zapping sind Menschen durch Zufall schlau geworden. Weil sie an einer Eisbären-Doku hängengeblieben sind. Oder an einem Bericht über T-Shirt-Produktionen. Oder an einem Jazz-Konzert, in dem es auch Hintergrundberichte gab.

Dieses „einfach mal gucken, was kommt" sollte auf andere Lebensbereiche übertragbar sein. Ab und zu mal planlos gucken, was einen interessieren könnte.

Muss man sich mal vorstellen: Eine Stunde als Beschäftigte*r der Stadtreinigung. Oder ein Tag in der Bäckerei. Mal eine halbe Stunde Tennis spielen, mal eine Kräuterwanderung.

Schnupperkurse sind das Zapping des Lebens.

Leute, macht mehr Schnupperkurse!

# TYPISCH DEUTSCH!
## WIE PEINLICH.

MEISTENS NÖRGELT ES im Urlaub aus einem heraus. „Njoarrrr, das ist ja mal wieder typisch deutsch!"

Gern beobachtete Klischees: Socken in Sandalen. Oder morgens um halb sechs ein Handtuch auf eine Liege legen, um sie zu besetzen, damit man den ganzen Tag lang eingeölt in der Sonne liegen kann, um langsam zu verbrennen. Wie so ein Brathuhn. Außerdem typisch deutsch: Humorlosigkeit. Pathologische Pünktlichkeit. Überpenibel sein. Alles immer negativ sehen.

Nicht besonders lebensfroh sein. Gastfreundschaft: Fehlanzeige. Wenig verwunderlich, wenn die meisten Gästezimmer „Fremdenzimmer" heißen. Wie soll denn auf so einer Grundhaltung so etwas wie Gastfreundschaft entstehen? Was entsteht, ist ein ausgewachsener Ausländerhass.

Die genörgelten Klischees sind Kerben in der deutschen Kultur, hineingefräst durch Wiederholungen.

Wenn man fragt: „Was ist denn gut?", kommt als Antwort: „Bier, Brot und kein Tempolimit."

Das Über-Klischeebild: Humorlose, besoffene, Brot fressende Fettsäcke, die auf der Autobahn Vollgas geben, damit sie als Erste im Ausland an der Liege sind, obwohl sie Ausländer*innen hassen.

TOLL*.

---

\*    Ironie verstehen sie auch nicht, diese grobsinnigen Teuton*innen.

# **TYPISCH DEUTSCH** IST
## UNTYPISCH DEUTSCH SEIN.

TRÄGT MAN IM Urlaub Sandalen mit Socken, trägt man einfach nur Sandalen mit Socken. Egal, ob man aus Tschechien oder Gibraltar stammt – diese Eigenart wird aber immer den Deutschen zugeschrieben. Dabei schlendern die typisch Deutschen ganz normal wie alle anderen über die 5th Avenue in New York oder surfen wie die coolen Leute in Portugal. Deutsche kiffen wie Leute aus Jamaika, sie kochen wie Götter aus Frankreich. Sie sprechen akzentfreies Englisch und kleiden sich zuweilen so elegant wie Italiener*innen.

Natürlich nicht alle.

Aber es tragen ja auch nicht alle Sandalen mit Socken.

**ODER?**

# RAUKE. BITTERES GRÜNZEUG, DAS WEG KANN.

IM DEUTSCHSPRACHIGEN RAUM kennt man diese grünen Blätter mit dem hohen Gehalt an Senfölen als Salatblätter. Die Beliebtheit von Rauke ist ungefähr vergleichbar mit der Beliebtheit von ELSTER, dem Steuerprogramm des Finanzamtes. Muss man mögen. Kaninchen mögen Rauke. Menschen mögen Rauke eher nicht so. Ob Kaninchen auch ELSTER mögen, ist nicht überliefert, aber wahrscheinlich würden sie sich daran ihre Zähne ausbeißen.

Wenn Rauke eine Disco wäre, dann eine, in der seit 1971 nicht mehr durchgewischt wurde und in der immer noch die Jukebox steht, die außer Rudi Carrell und Heintje nichts spielen kann. Wäre Rauke ein Restaurant, dann ein verlassener Landgasthof bei Dülmen – die Scheiben mit Brettern vernagelt.

**RAUKE IST EIN BESONDERS LANGWEILIGES STÜCK FLORA, BEI DEM DIE EVOLUTION KEINE LUST MEHR HATTE, ES VERNÜNFTIG WEITERZUENTWICKELN.**

# **LA RUCOLA** È COSÌ FANTASTICA!

RUCOLA AUF EINER Pizza, zusammen mit Parmesan und leckerem Schinken: Großartig! Auch im Salat ist diese leichte Bitternote ein hervorragender Gegenspieler der süßlichen Tomaten. Balsamicodressing hebt Rucola auf einen geschmacklichen Thron.

Die italienische Küche ist aber auch wirklich grandios. Aus wenigen sehr guten Zutaten und der besonderen Leidenschaft entstehen die besten Gerichte. Bei vielen Gerichten spielt Rucola eine wichtige Rolle.

Rucola.

Allein schon, wie gut man es aussprechen kann.

Noch mal, weil's so schön ist:

**RUCOLA. KLINGT FAST WIE RAUKE.**

# DAS BESTE ZUM SCHLUSS.

VIELE MENSCHEN SEZIEREN ihr Essen, so, als würden sie in der Pathologie am Edelstahltisch stehen und mit Skalpell und Knochensäge einen Torso öffnen und nicht mit Messer und Gabel vor einem Teller sitzen. Sie dekonstruieren ihr Kartoffelpüree, die Erbsen und die panierten Gemüsebratlinge. Die Panade wird geschickt vom Leib des Gemüsebratlings getrennt und an die Seite gelegt. Erst wenn der Teller aufgeräumter ist als das Wohnzimmer von Marie Kondo, fangen sie an zu essen. Ein Element nach dem anderen. Ganz zum Schluss knabbern sie die Panade und gucken dabei ihren Serienmörderblick. Warum machen die das? Vollkommen sinnlos, den Lieblingsteil des Essens bis zum Ende aufzubewahren. Das war so nicht geplant und ist eine Beleidigung für die Küche.

Wenn man den ganzen anderen Kram schon gegessen hat, ist man doch schon satt!

Gerade im Restaurant ist diese Methode extrem riskant, es kann nämlich zum größten Missgeschick kommen, wenn jemand vom Servicepersonal den Teller mit den aufbewahrten Lieblingsstücken versehentlich abräumt.

# DAS BESTE ZUM ANFANG.

EIGENTLICH IST DOCH das Beste eh die Vorspeise. Oder sogar das davor: Im Restaurant ist es Brot mit Öl und Salz oder einem Knoblauchdip. Es öffnet die Schleusen des guten Geschmacks und stellt die Gaumenknospen scharf. Alles, was danach kommt, muss sich an diesem ersten Biss in so ein scharfkantiges Ciabatta messen lassen. Der erste gierige Griff in den Brotkorb („Welches ist das beste Stück?"), das Einstippen ins glitschige Öl oder in den Dip, das Wasser läuft im Mund zusammen. Die Augen sind geschlossen, es ist schon fast ein sexueller Akt. Das Vorspiel.

Und wenn man ganz ehrlich ist, kommt an diese Vorspeisenvorfreude nichts ran.

Oder?

# DAS IST JETZT WIRKLICH
## DAS ENDE.

HERZLICHEN GLÜCKWUNSCH, JETZT haben wir es beide geschafft.

Dieses Buch war wirklich anstrengend. Und vielleicht auch ein bisschen lustig.

Zum Kopfschütteln und zum Schmunzeln.

Vielleicht hast du deine Komfortzone wirklich mal verlassen, ich habe es auf jeden Fall getan, habe geliebt es zu schreiben – und es manchmal richtig bescheuert gefunden.

Perspektivwechsel ist anstrengend. Es ist wie Sport für die eigenen Vorurteile – inklusive Muskelkater in der Hirnrinde, weil man die eigene Position mal kurz verlässt.

Aber jetzt ist es ja vorbei. 136.003 Zeichen. Unzählig viele Vergleiche und Bilder im Kopf, aufgeschrieben in Schwarz-Weiß, um irgendwas Buntes zu erzeugen.

Vielleicht bist du froh, dass es vorbei ist. Vielleicht auch ein bisschen traurig.

Dieses Buch ist jetzt jedenfalls zu Ende, aber eventuell geht das Ab-und-zu-mal-eine-andere-Sichtweise-Einnehmen auch jetzt erst los.

# DAS IST VIELLEICHT AUCH
# DER ANFANG.

© Ian Ludwar, Dank auch an Oliver Schwarzwald

Den **Sorgenboy** gibt es seit 2007. Angefangen hat er mit Street-Art, 2011 ist er ins Netz gegangen und schreibt da seinen Quatsch. „So gesehen" ist sein zweites Buch. Das erste heißt „Wird schon" und ist ebenfalls im Lappan Verlag erschienen. Wenn der Sorgenboy nicht schreibt, redet er. Gern auch auf Bühnen.

© Robert Morgenstern

META BENE wird seit 2013 von **Robin Thiesmeyer** gezeichnet. Bekannt wurden die minimalistischen Tusche-Cartoons über die Sozialen Medien. Heute erscheint META BENE in Buch- und Kalenderform im Lappan Verlag und als Bild-Kolumne u. a. in *DIE ZEIT*.

**Wir produzieren nachhaltig**
- Klimaneutrales Produkt
- Papiere aus nachhaltigen und kontrollierten Quellen
- Hergestellt in Europa

MIX
Papier
FSC® C002795

1. Auflage 2023
– Originalausgabe –
© 2023 Lappan Verlag in der Carlsen Verlag GmbH,
Völckersstr. 14–20, 20765 Hamburg
ISBN 978-3-8303-3663-1

Cartoons: Robin Thiesmeyer
Lektorat: Ariane Ossowski
Layout und Herstellung: Monika Swirski

**Folgt uns!** facebook.com/lappanverlag
Instagram.com/lappanverlag
**www.lappan.de**

ISBN 978-3-8303-3643-3

ISBN 978-3-8303-3634-1

# LAPPAN

Bücher, die Spaß bringen!

ISBN 978-3-8303-3598-6

ISBN 978-3-8303-3602-0

ISBN 978-3-8303-3659-4